DAS YOGA DER GÖTTLICHEN LIEBE

Ein weltbekannter Yogalehrer
entlarvt den Kommerzialismus,
der heutzutage die wirkliche
Bedeutung von Yoga verschleiert.

His Divine Grace
A. C. Bhaktivedanta Swami Prabhupāda
erklärt, dass die uralten Lehren des Yoga
über die Körperhaltungen und Übungen
hinaus auf eine dauerhafte, liebevolle
Verbindung mit dem Höchsten abzielen.

Andere Werke von His Divine Grace
A.C. Bhaktivedanta Swami Prabhupāda

Bhagavad-gītā wie sie ist

Śrīmad-Bhāgavatam (1–10.1)

Śrī Caitanya-caritāmṛta

Śrī Īśopaniṣad

Der Nektar der Unterweisung

Der Nektar der Hingabe

Die Lehren Śrī Caitanyas

Jenseits von Raum und Zeit

Die Lehren Königin Kuntīs

Die Lehren Śrī Kapilas

Die Schönheit des Selbst

Vollkommene Fragen, vollkommene Antworten

Leben kommt von Leben

Bewusste Freude

Im Angesicht des Todes

Bhakti-Yoga – Der Pfad des spirituellen Lebens

Bhakti – Der Wandel im Herzen

Alle Ehre sei Śrī Guru und Śrī Gaurāṅga

Die Perfektion des Yoga

His Divine Grace

A. C. Bhaktivedanta Swami Prabhupāda

Gründer-*Ācārya* der Internationalen Gesellschaft für Krishna-Bewusstsein

THE BHAKTIVEDANTA BOOK TRUST

Sollten Sie Fragen oder Kommentare zu diesem
Buch haben, setzen Sie sich mit uns in Verbindung.
Sie erreichen uns unter den folgenden Adressen:

SCHWEIZ

Sankirtan-Verein
Bergstrasse 54, 8032 Zürich
Tel. +41 (0)44 262 37 90
sa-ve@pamho.net • krishna.ch

DEUTSCHLAND UND ÖSTERREICH

ISKCON Deutschland-Österreich e. V.
Aarstraße 8, 65329 Hohenstein
Tel. +49 (0)6120 90 41 07
iskcon.de

FSC www.fsc.org
MIX
Papier aus verantwortungsvollen Quellen
FSC® C083411
Das Zeichen für verantwortungsvolle Waldwirtschaft

EU Ecolabel
www.ecolabel.eu

Die Perfektion des Yoga ist eine Zusammenstellung von Auszügen aus Śrīla Prabhupādas Vorträgen der Jahre 1966 und 1969 über das 6. Kapitel der *Bhagavad-gītā*. Das Lektorat übernahm Śrīla Prabhupādas Schüler Hayagrīva Dāsa (Howard Wheeler, M.A.). Erstveröffentlichung der englischen Originalausgabe im Jahr 1972.

The Perfection of Yoga (German)

bbt.se • bbtmedia.com • bbt.org • krishna.com

ISBN 978-91-7769-142-6

Gedruckt im Jahr 2019 (ver20191000)

Dieser Titel ist für Sie in allen E-Book-Formaten
kostenlos auf bbtmedia.com erhältlich.
Code: **EB16DE85673P**

Inhalt

1 Unzeitgemäßes Yoga 1

2 Yoga als Arbeit in Hingabe 9

3 Yoga als Meditation über Kṛṣṇa 13

4 Yoga als Mittel der Selbstkontrolle 19

5 Yoga als Befreiung von Dualität 35

6 Das Schicksal des gescheiterten Yogi 39

7 Yoga als Verbindung mit Kṛṣṇa 49

8 Die Vollkommenheit des Yoga 57

Der Autor 61

Glossar 65

Anleitung zur Aussprache des Sanskrit 73

1

Unzeitgemäßes Yoga

Es gibt viele Yogasysteme, die im Westen populär geworden sind, insbesondere im 20. Jahrhundert, aber keines von ihnen lehrte tatsächlich die Vollkommenheit des Yoga. In der *Bhagavad-gītā* jedoch unterweist Śrī Kṛṣṇa, die Höchste Persönlichkeit Gottes, Arjuna direkt in der Vollkommenheit des Yoga. Wenn wir tatsächlich diesem vollkommenen Yogasystem folgen wollen, stehen uns in der *Bhagavad-gītā* die autoritativen Aussagen der Höchsten Person zur Verfügung.

Es ist zweifellos bemerkenswert, dass die Vollkommenheit des Yoga mitten auf einem Schlachtfeld gelehrt wurde. Die Szene war folgende: Arjuna, der mächtige Krieger, stand vor einem Bruderkrieg, und fragte sich von Mitgefühl überwältigt: „Warum soll ich gegen meine Verwandten kämpfen?" Diese Unschlüssigkeit Arjunas beruhte auf Illusion und um diese Illusion zu beseitigen, sprach Śrī Kṛṣṇa die *Bhagavad-gītā* zu ihm. Man kann sich vorstellen, in welch kurzer Zeit die *Bhagavad-gītā* gesprochen werden musste. Die Soldaten hatten sich bereits auf beiden Seiten kampfbereit aufgestellt, sodass nicht mehr viel Zeit blieb – allerhöchstens eine Stunde. Während dieser einen Stunde wurde die gesamte *Bhagavad-gītā* gesprochen und Śrī Kṛṣṇa erklärte Seinem Freund Arjuna die Vollkommenheit aller Yogasysteme. Nachdem dieses einzigartige Gespräch beendet war, legte Arjuna all seine Befürchtungen und Zweifel beiseite und kämpfte.

Im Verlauf des Gespräches erklärte Śrī Kṛṣṇa auch das Meditationssystem des Yoga: Wie man sich hinsetzt und eine gerade Körperhaltung einnimmt, wie man die Augen halb geschlossen hält und auf die Nasenspitze starrt, ohne in der Konzentration abzuschweifen – und dies alles allein an einem abgeschiedenen Ort. Als Arjuna dies hörte, antwortete er:

yo 'yaṁ yogas tvayā proktaḥ sāmyena madhusūdana
etasyāhaṁ na paśyāmi cañcalatvāt sthitiṁ sthirām

„O Madhusūdana, das Yogasystem, das Du zusammengefasst hast, erscheint mir undurchführbar und unerträglich, denn der Geist ist ruhelos und unbeständig." (*Bhagavad-gītā* 6.33)

Was Arjuna hier sagt, ist sehr wichtig. Wir müssen uns immer bewusst sein, dass wir uns in materiellen Umständen befinden, in denen unser Geist ständiger Erregung ausgesetzt ist. Wir leben also nicht in einer sehr angenehmen Situation. Wir denken immer, dass wir durch das Verändern der äußeren Umstände unsere innere Unruhe überwinden könnten und so einmal an einen Punkt kämen, an dem alle mentalen Probleme aufhören. Es entspricht jedoch dem Wesen der materiellen Welt, dass man nie von Sorgen und Ängsten frei sein kann. So befinden wir uns in einem Dilemma: Einerseits versuchen wir ständig, eine Lösung für unsere Probleme zu finden, aber andererseits ist das materielle Universum so eingerichtet, dass diese Lösungen nie gefunden werden.

Da Arjuna kein Betrüger ist, sagt er offen und ehrlich zu Kṛṣṇa, dass es für ihn nicht möglich sei, das besagte Yogasystem auszuüben. Als Arjuna sich an Kṛṣṇa wandte, nannte er Ihn bezeichnenderweise Madhusūdana. Dieser Name weist darauf hin, dass der Herr einstmals den Dämon Madhu tötete. Es gibt zahllose Namen Gottes, da Gott oft nach Seinen Taten benannt wird; und da Er zahllose Taten vollbringt, hat Er auch zahllose Namen. Selbst wir, die wir nur Teile Gottes sind, haben seit unserer Kindheit schon zahllose Taten ausgeführt, so viele, dass wir uns gar nicht an alle erinnern können. Der ewige Gott ist unbegrenzt und weil deshalb auch Seine Taten unbegrenzt sind, hat Er unbegrenzt viele Namen, von denen Kṛṣṇa der Hauptname ist. Aber warum nannte Arjuna Ihn dann Madhusūdana, obwohl er Ihn als sein Freund direkt als Kṛṣṇa hätte ansprechen können? Die Antwort lautet, dass Arjuna seinen Geist für einen großen Dämon hielt, vergleichbar mit dem Dämon Madhu; wenn es Kṛṣṇa gelänge, diesen Dämon namens Geist zu töten, könnte er, Arjuna, die Vollkommenheit des Yoga erlangen. „Mein Geist ist viel stärker als dieser Dämon Madhu", sagte Arjuna. „Bitte töte ihn, denn dann wird es mir möglich sein, diesem Yogasystem zu folgen." Dies weist darauf hin, dass sogar der Geist einer großen Persönlichkeit wie Arjuna immer ruhelos ist. Arjuna selbst sagt:

cañcalaṁ hi manaḥ kṛṣṇa pramāthi balavad dṛḍham
tasyāhaṁ nigrahaṁ manye vāyor iva suduṣkaram

„Denn der Geist ist ruhelos, stürmisch, widerspenstig und sehr stark, o Kṛṣṇa, und ihn zu bezwingen erscheint mir schwieriger, als den Wind zu beherrschen." (*Bhagavad-gītā* 6.34)

Es ist eine Tatsache, dass der Geist uns immer einredet, hierhin und dorthin zu gehen und dieses oder jenes zu tun. Unser ganzes Leben verläuft nach dem Diktat des Geistes. Sinn und Zweck des Yogasystems ist es deshalb, den ruhelosen Geist zu beherrschen. Im Meditationssystem des Yoga wird der Geist dadurch beherrscht, dass man ihn auf die Überseele richtet – was das eigentliche Endziel des Yoga ist. Arjuna jedoch entgegnet, dass es schwieriger sei, den Geist zu beherrschen, als den Wind aufzuhalten. Kann man sich vorstellen, dass jemand versuchen wird, mit ausgestreckten Armen einen Wirbelsturm aufzuhalten?

Wir dürfen nicht denken, Arjuna wäre einfach nicht fähig gewesen, den Geist zu beherrschen. In Wirklichkeit hatte Arjuna solch unermessliche Eigenschaften und Fähigkeiten, dass wir nicht einmal beginnen können, sie uns vorzustellen. Immerhin war er ein persönlicher Freund der Höchsten Persönlichkeit Gottes. Dies ist eine sehr erhabene Stellung, die niemand erreichen kann, der nicht außergewöhnliche Qualitäten aufweist. Außerdem war Arjuna als ein großartiger Krieger und Politiker berühmt. Er war so intelligent, dass er die *Bhagavad-gītā* innerhalb einer Stunde verstehen konnte, wohingegen heutzutage große Gelehrte die *Bhagavad-gītā* nicht einmal verstehen, wenn sie sich ein ganzes Leben lang mit ihr auseinandersetzen. Dieser Arjuna aber war der Ansicht, dass es für ihn schlicht unmöglich sei, den Geist zu beherrschen. Wie können wir also glauben, dass das, was für Arjuna in einem fortgeschrittenen Zeitalter unmöglich war, für uns im gegenwärtigen degenerierten Zeitalter möglich wäre? Wir sollten nicht für einen Augenblick denken, dass wir uns mit Arjuna vergleichen könnten. Wir sind ihm tausendmal unterlegen.

Es gibt keinen Hinweis darauf, dass Arjuna jemals das Yogasystem ausgeübt hat, aber dennoch bezeichnete

Kṛṣṇa Arjuna lobend als den einzigen, der würdig sei, die *Bhagavad-gītā* von Ihm zu vernehmen. Was war Arjunas einzigartige Eigenschaft? Śrī Kṛṣṇa sagt: „Weil du Mein Geweihter und Mein vertrauter Freund bist." (*Bhagavad-gītā* 4.3) Trotz dieser Eigenschaft weigerte sich Arjuna, dem Meditationssystem des Yoga, das Śrī Kṛṣṇa beschrieben hatte, zu folgen. Was bedeutet das nun für uns? Müssen wir verzweifeln, weil es uns nie vergönnt sein wird, den Geist zu beherrschen? Nein, denn er kann beherrscht werden und der Vorgang hierzu ist das Kṛṣṇa-Bewusstsein. Der Geist muss immer auf Kṛṣṇa gerichtet sein. Gelingt es, den Geist auf Kṛṣṇa zu richten, ist die Vollkommenheit des Yoga erreicht.

In diesem Zusammenhang ist es interessant, sich dem *Śrīmad-Bhāgavatam* zuzuwenden. Dort erklärt im 12. Canto Śukadeva Gosvāmī, dass die Menschen im goldenen Zeitalter, dem Satya-yuga, 100 000 Jahre alt wurden und dass es den fortgeschrittenen Persönlichkeiten jenes Zeitalters, die über eine solche Lebensdauer verfügten, möglich war, das Meditationssystem des Yoga zu befolgen. Śukadeva Gosvāmī erklärt weiter, dass das, was im Satya-yuga durch den Vorgang der Meditation, im nachfolgenden Zeitalter, dem Tretā-yuga, durch das Abhalten großer Opferzeremonien und im nächsten Zeitalter, dem Dvāpara-yuga, durch Tempelverehrung erreicht werden konnte, in unserem Zeitalter, dem Kali-yuga, einfach durch *hari-kīrtana,* das Chanten der Namen Gottes, Hare Kṛṣṇa, erreicht werden könne. Aus diesen autoritativen Quellen erfahren wir also, dass das Chanten von Hare Kṛṣṇa, Hare Kṛṣṇa, Kṛṣṇa Kṛṣṇa, Hare Hare / Hare Rāma, Hare Rāma, Rāma Rāma, Hare Hare im gegenwärtigen Zeitalter die Vollkommenheit des Yoga verkörpert.

Heute muss man froh sein, wenn man 50 oder 60 Jahre alt wird; allerhöchstens lebt ein Mensch 80 bis 100 Jahre.

Darüber hinaus ist der Mensch immer von Ängsten und Sorgen erfüllt und hat mit vielen Schwierigkeiten zu kämpfen, die von Kriegen, Epidemien, Hungersnöten und vielen anderen Störungen herrühren. Die Menschen sind weder sonderlich intelligent noch sind sie glücklich. Dies sind die charakteristischen Eigenschaften der Menschen, die in diesem Zeitalter des Verfalls, dem Kali-yuga, leben. Daraus geht klar hervor, dass wir heutzutage mit dem Yogasystem der Meditation, das Kṛṣṇa beschrieb, nie Erfolg haben werden. Das einzige, was wir erreichen können, ist eine billige Imitation dieses Systems, um unsere persönlichen Launen zu befriedigen. So zahlen die Leute viel Geld, um an Kursen für gymnastische Übungen und Atemtechniken teilzunehmen und es macht sie glücklich, zu denken, dass sie ihr Leben um ein paar Jahre verlängern oder ihr Geschlechtsleben besser genießen können. Aber wir müssen uns im Klaren darüber sein, dass dies nichts mit dem ursprünglichen Yogasystem zu tun hat. Im gegenwärtigen Zeitalter kann dieses Meditationssystem nicht mehr richtig ausgeübt werden. Heute jedoch kann dieselbe Vollkommenheit, die durch dieses System zu erreichen war, durch *bhakti-yoga,* den erhabenen Vorgang des Kṛṣṇa-Bewusstseins, erreicht werden. Große Autoritäten wie Caitanya Mahāprabhu haben daher insbesondere *mantra-yoga,* die Verherrlichung Śrī Kṛṣṇas durch das Chanten von Hare Kṛṣṇa, eingeführt, wie es in den vedischen Schriften empfohlen wird. In der Tat, die *Bhagavad-gītā* erklärt, dass die *mahātmās,* die großen Seelen, ständig die Herrlichkeiten des Herrn chanten. Wenn man nach dem Maßstab der vedischen Schriften, der *Bhagavad-gītā* und der großen Autoritäten ein *mahātmā* sein will, muss man den Vorgang des Kṛṣṇa-Bewusstseins und des Chantens von Hare Kṛṣṇa annehmen. Wenn man sich freilich mit einer Pseudomeditation zufrieden gibt und wie eine Art Schauspieler aufrecht im Lotossitz in Trance versinkt, ist das etwas Anderes. Es muss uns allerdings bewusst sein, dass eine solche oberflächliche Yogashow nichts mit der wahren Vollkommenheit des Yoga zu tun hat. Die Krankheit des materiellen Daseins kann nicht durch eine künstliche Medizin geheilt werden; wir müssen die richtige Medizin direkt von Kṛṣṇa annehmen.

2

Yoga als Arbeit in Hingabe

Wir mögen bereits die Namen verschiedenster Formen von Yoga und verschiedenster Yogis gehört haben, aber in der *Bhagavad-gītā* sagt Kṛṣṇa, dass der wahre Yogi derjenige sei, der sich „vollständig Mir" hingegeben habe. Kṛṣṇa erklärt, dass zwischen Entsagung (*sannyāsa*) und Yoga kein Unterschied bestehe.

yaṁ sannyāsam iti prāhur yogaṁ taṁ viddhi pāṇḍava
na hy asannyasta-saṅkalpo yogī bhavati kaścana

„Du solltest wissen, dass das, was man als Entsagung bezeichnet, das Gleiche ist wie Yoga oder der Vorgang der Verbindung mit dem Höchsten; denn niemand kann ein Yogi werden, solange er nicht dem Wunsch nach Sinnenbefriedigung entsagt." (*Bhagavad-gītā* 6.2)

In der *Bhagavad-gītā* werden drei grundlegende Arten von Yoga beschrieben: *karma-yoga, jñāna-yoga* und *bhakti-yoga.* Diese verschiedenen Yogasysteme können mit den Stufen einer Treppe verglichen werden. Es gibt Yogis, die auf der untersten Stufe stehen, Andere, die bis zur Hälfte emporgestiegen sind, und wieder Andere, die sich auf der höchsten Stufe befinden. Je nachdem auf welcher Stufe man steht, wird man als *karma-yogi, jñāna-yogi* usw. bezeichnet. In allen Fällen ist der Dienst für den Höchsten Herrn der gleiche, nur die Stufen sind verschieden. Deshalb sagt Śrī Kṛṣṇa zu Arjuna, dass Entsagung (*sannyāsa*) und Yoga dasselbe seien, da man, ohne vom Wunsch nach Sinnenbefriedigung frei zu sein, weder ein Yogi noch ein *sannyāsī* sein könne.

Es gibt Yogis, die Yoga für materiellen Gewinn ausüben, doch das ist nicht echtes Yoga. Alles muss im Dienst des Herrn verwendet werden. Alles, was wir als gewöhnliche Arbeiter, *sannyāsīs,* Yogis oder als Philosophen tun, muss im Kṛṣṇa-Bewusstsein verrichtet werden. Wenn wir unsere Gedanken ausschließlich auf Kṛṣṇas Dienst richten und in diesem Bewusstsein handeln, können wir echte *sannyāsīs* und Yogis werden.

Wenn man anfängt, die Yogatreppe emporzusteigen, erwartet einen praktische Arbeit. Man sollte nicht denken, dass man aufhören müsste, tätig zu sein, nur weil man sich dem Yoga zuwendet. In der *Bhagavad-gītā* fordert Kṛṣṇa Arjuna auf, ein Yogi zu werden, aber Er sagt ihm niemals, dass er aufhören solle, zu kämpfen – ganz im Gegenteil. Natürlich kann man sich hier fragen, wie jemand ein Yogi und gleichzeitig ein Krieger sein kann. Unsere Vorstellung von Yoga ist, dass man mit gekreuzten Beinen und geradem Rücken dasitzt und mit halbgeschlossenen Augen auf die Nasenspitze starrt, um sich auf diese Weise an einem abgeschiedenen Ort in Meditation zu versenken. Wie kann Kṛṣṇa Arjuna auffordern, ein Yogi zu werden und gleichzeitig an einem schrecklichen Bürgerkrieg teilzunehmen? Darin besteht das Geheimnis der *Bhagavad-gītā:* Man kann ein Krieger sein und gleichzeitig der höchste Yogi und *sannyāsī.* Nur im Kṛṣṇa-Bewusstsein ist das möglich. Man muss einfach für Kṛṣṇa kämpfen, für Kṛṣṇa arbeiten, für Kṛṣṇa essen, für Kṛṣṇa schlafen und Kṛṣṇa alle Tätigkeiten weihen. Auf diese Weise wird man der höchste Yogi und der höchste *sannyāsī.*

Im 6. Kapitel der *Bhagavad-gītā* unterweist Śrī Kṛṣṇa Arjuna, wie man sich in der yogischen Meditation übt. Aber Arjuna weist dieses System zurück, da es ihm zu schwierig erscheint. Wie kann man dann sagen, dass Arjuna ein großer Yogi sei? Obgleich Kṛṣṇa sah, dass Arjuna das Meditationssystem zurückwies, bezeichnete Er Arjuna dennoch als den höchsten Yogi, denn: „Du denkst immer an Mich." An Kṛṣṇa zu denken ist die Essenz aller Yogasysteme: des *haṭha-, karma-, jñāna-* und *bhakti-yoga* sowie aller anderen Systeme von Yoga, Opfer und Wohltätigkeit. Alle Tätigkeiten, die für spirituelle Verwirklichung empfohlen sind, gipfeln im Kṛṣṇa-Bewusstsein, der anhaltenden Meditation über Kṛṣṇa. Die wahre Vollkommenheit des menschlichen Lebens besteht darin, immer Kṛṣṇa-bewusst zu sein und sich bei allen Tätigkeiten, die man ausführt, ständig an Kṛṣṇa zu erinnern.

Auf der vorbereitenden Stufe wird empfohlen, immer für Kṛṣṇa zu arbeiten. Man muss sich fortwährend nach einer Pflicht oder Beschäftigung umschauen, denn es ist schlecht, auch nur eine Sekunde träge verstreichen zu lassen. Wenn sich durch solche Betätigung wahrer Fortschritt einstellt, arbeitet man unter Umständen nicht mehr physisch, doch dann ist man innerlich immer aktiv, indem man beständig an Kṛṣṇa denkt. Wenn man sich allerdings noch nicht auf dieser Stufe befindet, lautet der Ratschlag immer, die Sinne in Kṛṣṇas Dienst zu beschäftigen. Es gibt eine große Vielfalt von Tätigkeiten, die man im Dienst für Kṛṣṇa verrichten kann. Die Internationale Gesellschaft für Krishna-Bewusstsein hat das Ziel, strebsamen Gottgeweihten in diesen Tätigkeiten behilflich zu sein. Für diejenigen, die sich im Kṛṣṇa-Bewusstsein betätigen, hat der Tag nicht genügend Stunden, so sehr sind sie in Kṛṣṇas Dienst vertieft. Sowohl während des Tages als auch während der Nacht stehen immer verschiedenste Tätigkeiten anund die Studenten des Kṛṣṇa-Bewusstseins führen sie voller Freude aus. Das ist die Stufe wahren Glücks: Immer für Kṛṣṇa beschäftigt zu sein, um Kṛṣṇa-Bewusstsein auf der ganzen Welt zu verbreiten. In der materiellen Welt wird man sehr müde, wenn man ununterbrochen arbeitet, aber wenn man im Kṛṣṇa-Bewusstsein arbeitet, kann man 24 Stunden am Tag Hare Kṛṣṇa chanten und sich im hingebungsvollen Dienst betätigen, ohne jemals müde zu werden. Wenn wir jedoch weltliche Klangschwingungen aussprechen, fühlen wir uns schnell erschöpft. Auf der spirituellen Ebene gibt es keine Müdigkeit, denn die spirituelle Ebene ist absolut. In der materiellen Welt arbeitet jeder für sich selbst und der Gewinn der Arbeit wird dazu verwendet, die eigenen Sinne zu befriedigen. Doch ein echter Yogi wünscht sich nicht solche Früchte. Er wünscht sich nichts anderes als Kṛṣṇa und Kṛṣṇa ist bereits gegenwärtig.

3

Yoga als Meditation über Kṛṣṇa

In Indien gibt es viele heilige Orte, an die sich die Yogis – im Einklang mit der Anweisung der *Bhagavad-gītā* – zurückziehen, um in Abgeschiedenheit zu meditieren. Während Yoga traditionsgemäß nicht an einem öffentlichen Ort praktiziert werden kann, gilt gerade das Gegenteil für *kīrtana* – das *mantra-yoga* oder Yoga des Chantens des Hare-Kṛṣṇa-Mantra: Hare Kṛṣṇa, Hare Kṛṣṇa, Kṛṣṇa Kṛṣṇa, Hare Hare / Hare Rāma, Hare Rāma, Rāma Rāma, Hare Hare. Je mehr Menschen daran teilnehmen, desto besser. Als Śrī Caitanya Mahāprabhu vor 500 Jahren in Indien *kīrtana* veranstaltete, formierte Er die einzelnen Gruppen so, dass in jeder Gruppe 16 Gottgeweihte gemeinsam vorsangen, während ihnen Tausende von Menschen folgten und im Wechselgesang antworteten. Im gegenwärtigen Zeitalter ist es sehr praktisch und einfach, am *kīrtana,* dem öffentlichen Chanten der Namen und Herrlichkeiten Gottes, teilzunehmen; der Meditationsvorgang des Yoga hingegen ist sehr schwierig. In der *Bhagavad-gītā* wird insbesondere darauf hingewiesen, dass man sich an einen abgeschiedenen, heiligen

Ort zurückziehen muss, um yogische Meditation auszuüben. Mit anderen Worten, es ist erforderlich, dass man das eigene Zuhause verlässt. Im gegenwärtigen Zeitalter der Überbevölkerung ist es nicht immer möglich, einen abgeschiedenen Ort zu finden, aber beim *bhakti-yoga* ist dies auch gar nicht nötig.

Im System des *bhakti-yoga* gibt es neun verschiedene Vorgänge: hören, chanten, sich erinnern, dienen, die Bildgestalt im Tempel verehren, beten, Anweisungen ausführen, Kṛṣṇa als Freund dienen und Ihm alles hingeben. Von all diesen Vorgängen gelten *śravaṇam* und *kīrtanam*, Hören und Chanten, als die wichtigsten. Bei einem öffentlichen *kīrtana* chantet der Vorsänger Hare Kṛṣṇa, Hare Kṛṣṇa, Kṛṣṇa Kṛṣṇa, Hare Hare / Hare Rāma, Hare Rāma, Rāma Rāma, Hare Hare, während die Anderen zuhören; nachdem der Vorsänger das Mantra beendet hat, singen die Anderen. Auf diese Weise wechseln Hören und Chanten einander ab. Dies kann überall problemlos durchgeführt werden: Zu Hause, mit einer kleinen Gruppe von Freunden oder zusammen mit vielen Menschen auf einem großen öffentlichen Platz. Man kann zwar versuchen, in einer Großstadt oder in einem Verein yogische Meditation auszuüben, aber man muss sich dabei im Klaren sein, dass dies eine eigene Erfindung ist und nichts mit der Methode zu tun hat, die in der *Bhagavad-gītā* empfohlen wird.

Der gesamte Vorgang des Yoga ist zur Läuterung bestimmt. Und worin besteht diese Läuterung? Läuterung hat die Erkenntnis der wahren Identität des Selbst zur Folge; das heißt die Erkenntnis: „Ich bin eine reine spirituelle Seele. Ich bin nicht der materielle Körper." Aufgrund materieller Verunreinigung identifizieren wir uns mit Materie und glauben, wir wären der Körper, doch um echtes Yoga auszuüben, muss man erkennen, dass die ursprüngliche Identität des Selbst von der Materie verschieden ist. Auch der Meditationsvorgang, bei dem man sich an einen abgeschiedenen Ort zurückziehen muss, hat das Ziel, zu dieser Erkenntnis zu gelangen. Dieses Ziel kann jedoch nur erreicht werden, wenn man den Vorgang richtig ausführt. In diesem Zusammenhang weist Śrī Caitanya auf Folgendes hin:

harer nāma harer nāma harer nāmaiva kevalam
kalau nāsty eva nāsty eva nāsty eva gatir anyathā

„Im gegenwärtigen Zeitalter des Streites und der Unstimmigkeit [Kali-yuga] gibt es keinen anderen Weg zu spiritueller Erkenntnis als das Chanten der heiligen Namen. Es gibt keinen anderen Weg, es gibt keinen anderen Weg, es gibt keinen anderen Weg."

Im Allgemeinen herrscht zumindest im Westen die Meinung vor, Yoga würde Meditation über das Nichts bedeuten. Die vedischen Schriften hingegen empfehlen nirgends Meditation über das Nichts; vielmehr erklären sie, dass Yoga Meditation über Viṣṇu bedeute, was ebenfalls von der *Bhagavad-gītā* bestätigt wird. In vielen Yogazentren versammeln sich Leute, um im Lotossitz, mit aufrechtem Rücken und geschlossenen Augen zu „meditieren" – gewöhnlich aber nicken dabei 50 Prozent von ihnen ein. Denn wenn man die Augen schließt, ohne über einen konkreten Inhalt zu meditieren, schläft man ein und das empfiehlt Kṛṣṇa in der *Bhagavad-gītā* natürlich nicht. Man muss mit geradem Rücken dasitzen und die Augen dürfen nur halb geschlossen sein, sodass man sich auf die Nasenspitze konzentrieren kann; wenn man nicht allen Unterweisungen genau folgt, wird Schlaf die Folge sein und sonst nichts. Manchmal kommt es freilich vor, dass jemand sogar während des Schlafens meditiert, aber dies ist nicht der empfohlene Yogavorgang. Um wach zu bleiben, empfiehlt Kṛṣṇa deshalb, den Blick immer auf die Nasenspitze gerichtet zu halten. Des Weiteren muss man immer ausgeglichen sein. Wenn der Geist aufgewühlt ist oder viele Dinge um uns herum geschehen, wird es nicht möglich sein, sich zu konzentrieren. In der yogischen Meditation muss man auch frei von Angst sein, denn wenn man sich dem spirituellen Leben zuwendet, sollte es keine Ursachen für Angst mehr geben. Darüber hinaus muss man auch ein *brahmacārī* sein, das heißt völlig frei von jeglicher geschlechtlicher Betätigung. Man kann nicht meditieren und gleichzeitig von sinnlichen Wünschen beeinflusst sein. Erst wenn keine solchen Wünsche mehr da sind und man das System vorschriftsgemäß befolgt, wird man in der Lage sein, den Geist zu beherrschen. Nachdem man alle für die Meditation erforderlichen Bedingungen erfüllt hat, muss man seine Gedanken auf Kṛṣṇa oder Viṣṇu richten – und nicht auf das Nichts. Deshalb weist Kṛṣṇa darauf hin, dass jemand, der sich tatsächlich in die yogische Meditation versenkt, „immer an Mich denkt".

Ein Yogi muss offensichtlich viele Schwierigkeiten überwinden, um *ātmā* (Körper, Geist und Seele) zu läutern. Es ist jedoch eine Tatsache, dass dasselbe Ziel im gegenwärtigen Zeitalter auf die wirksamste Weise erreicht werden kann, wenn man einfach die heiligen Namen des Herrn chantet: Hare Kṛṣṇa, Hare Kṛṣṇa, Kṛṣṇa Kṛṣṇa, Hare Hare / Hare Rāma, Hare Rāma, Rāma Rāma, Hare Hare. Dies ist möglich, weil die transzendentale Klangschwingung des Hare-Kṛṣṇa-Mantra nicht von Kṛṣṇa verschieden ist. Wenn wir Seinen Namen mit Hingabe chanten, wird Kṛṣṇa mit uns sein. Wie können wir dann noch unrein bleiben? Wer daher ins Kṛṣṇa-Bewusstsein vertieft ist, Kṛṣṇas Namen chantet und Kṛṣṇa immer dient, erhält die Ergebnisse der höchsten Form des Yoga, ohne jedoch all die Schwierigkeiten des Meditationsvorgangs auf sich nehmen zu müssen. Das ist die Schönheit des Kṛṣṇa-Bewusstseins.

Beim Yoga ist es erforderlich, alle seine Sinne zu beherrschen; wenn man dies geschafft hat, muss man seinen Geist so ausrichten, dass er immer an Viṣṇu denkt. Nachdem man auf diese Weise das materielle Leben hinter sich gelassen hat, findet man Frieden.

jitātmanaḥ praśāntasya paramātmā samāhitaḥ

„Für jemanden, der den Geist bezwungen hat, ist die Überseele bereits erreicht, denn er hat Ausgeglichenheit erlangt.“ (*Bhagavad-gītā* 6.7)

Die materielle Welt wird mit einem großen Waldbrand verglichen. Wie im Wald manchmal ein Feuer von selbst ausbricht, so tobt in der materiellen Welt immer eine Feuersbrunst und es brechen Brände aus, obwohl wir versuchen, in Frieden zu leben. Nirgendwo in der materiellen Welt ist es möglich, in Frieden zu leben; doch wer sich auf der transzendentalen Ebene befindet, sei es durch das Meditationssystem des Yoga, durch die empirisch-philosophische Methode oder durch *bhakti-yoga,* kann Frieden finden. Wenngleich alle Formen des Yoga das Ziel haben, den Menschen zum transzendentalen Leben zu führen, erweist sich im gegenwärtigen Zeitalter der Vorgang des Chantens als besonders wirksam. Man kann für mehrere Stunden an einem *kīrtana* teilnehmen, ohne zu ermüden, aber es ist sehr schwierig, auch nur für wenige Minuten völlig regungslos in der Lotosstellung dazusitzen. Wenn man jedoch – über welchen Vorgang auch immer – das Feuer des materiellen Lebens zu löschen vermag, erfährt man nicht nur das, was unpersönliches Nichts genannt wird; vielmehr gelangt man, wie Kṛṣṇa Arjuna offenbart, in das höchste Reich:

yuñjann evaṁ sadātmānaṁ yogī niyata-mānasaḥ
śāntiṁ nirvāṇa-paramāṁ mat-saṁsthām adhigacchati

„Indem sich der mystische Transzendentalist auf diese Weise ständig darin übt, Körper, Geist und Tätigkeiten zu beherrschen, beendet er das materielle Dasein, da sein Geist reguliert ist und erreicht das Königreich Gottes.“ (*Bhagavad-gītā* 6.15)

Kṛṣṇas Reich ist nicht leer. Es gleicht einem Königshof und das bedeutet, dass verschiedenste Aktivitäten stattfinden. Ein erfolgreicher Yogi erreicht das Königreich Gottes, das von spiritueller Vielfalt erfüllt ist. Die unterschiedlichen Formen des Yoga sind nichts Anderes als verschiedene Vorgänge, um in dieses Reich zu gelangen. In Wirklichkeit gehören wir in dieses Reich, aber aufgrund unseres Vergessens werden wir in die materielle Welt versetzt. Genau wie ein Verrückter, der an einer Geisteskrankheit leidet, in ein Irrenhaus gebracht wird, so sind auch wir, die wir unsere spirituelle Identität vergessen haben, wie Verrückte und wurden deshalb in die materielle Welt versetzt. Die materielle Welt kann mit einer Art Irrenhaus verglichen werden; es lässt sich nicht verheimlichen, dass hier eigentlich nichts auf sonderlich vernünftige Weise getan wird. Unsere wirkliche Aufgabe ist es, die materielle Welt zu verlassen und in das Königreich Gottes zurückzukehren. In der *Bhagavad-gītā* spricht Kṛṣṇa über dieses Königreich und auch über Seine eigene Stellung und die der Lebewesen. Dadurch erfahren wir genau, was Gott ist und was wir sind. Die *Bhagavad-gītā* enthält alle notwendigen Informationen und ein vernünftiger Mensch wird sich dieses Wissen zunutze machen.

4

Yoga als Mittel der Selbstkontrolle

In der *Bhagavad-gītā* ermutigt Kṛṣṇa Arjuna immer wieder zum Kampf, da Arjuna ein Krieger ist und das Kämpfen zu seinen Pflichten gehört. Obwohl Kṛṣṇa im 6. Kapitel das System der yogischen Meditation erklärt, legt Er keinen besonderen Nachdruck darauf und ermutigt Arjuna auch nicht, diesen Pfad einzuschlagen. Kṛṣṇa räumt vielmehr ein, dass dieser Meditationsvorgang sehr schwierig ist:

śrī-bhagavān uvāca
asaṁśayaṁ mahā-bāho mano durnigrahaṁ calam
abhyāsena tu kaunteya vairāgyeṇa ca gṛhyate

„Der Höchste Herr, Śrī Kṛṣṇa, sprach: O starkarmiger Sohn Kuntīs, es ist zweifellos sehr schwierig, den ruhelosen Geist zu zügeln, aber durch geeignete Übung und durch Loslösung ist es möglich." (*Bhagavad-gītā* 6.35)

In diesem Vers betont Kṛṣṇa, dass Übung und Entsagung die Mittel sind, um den Geist zu beherrschen. Aber was versteht man unter Entsagung? Diese Frage ist berechtigt, denn heutzutage ist es uns praktisch unmöglich, irgendwelchen Dingen zu entsagen, da wir uns so sehr an die verschiedensten materiellen Sinnenfreuden gewöhnt haben. Trotz eines ausschweifenden, sinnlichen Lebens nehmen viele Menschen an Yogakursen teil und hoffen auf Erfolg. Um richtig Yoga zu praktizieren, müsste man zahlreichen Regeln und Vorschriften folgen, doch vielen gelingt es kaum, auch nur das Rauchen aufzugeben. Als Kṛṣṇa das System der yogischen Meditation beschrieb, wies Er darauf hin, dass man Yoga nicht richtig ausüben kann, wenn man zu viel oder zu wenig isst. Wer sich mit Fasten quält, kann ebensowenig richtiges Yoga ausüben wie jemand, der mehr isst, als er braucht. Die Ernährung sollte maßvoll sein, das heißt, man sollte nur so viel essen, wie erforderlich ist, um Körper und Seele zusammenzuhalten; man sollte also nicht nur der Gaumenfreude zuliebe essen. Wenn uns köstliche Speisen angeboten werden, begnügen wir uns meistens nicht mit einem Gericht, sondern sind es gewohnt, zwei, drei, vier oder noch mehr auszuprobieren, denn die Zunge gibt sich nie zufrieden. In Indien ist es jedoch nicht selten, dass man einen Yogi sieht, der pro Tag nichts weiter als einen kleinen Löffel Reis zu sich nimmt. Ebensowenig ist es möglich, yogische Meditation auszuüben, wenn man zu viel oder zu wenig schläft. Kṛṣṇa sagt nirgendwo, dass es so etwas wie traumlosen Schlaf gäbe. Sobald wir einschlafen, werden wir träumen, selbst wenn wir uns nicht daran erinnern können. In der *Gītā* weist Kṛṣṇa indes darauf hin, dass man nicht richtig Yoga praktizieren kann, wenn man während des Schlafens zuviel träumt; deshalb sollte man nicht mehr als sechs Stunden täglich schlafen. Aber auch jemand, der unter Schlaflosigkeit leidet und nachts nicht genügend schläft, kann nicht erfolgreich Yoga ausüben, da man für Yoga einen funktionstüchtigen Körper braucht. Auf diese Weise beschreibt Kṛṣṇa viele Bedingungen, die man für eine erfolgreiche Beherrschung des Körpers erfüllen muss. Die Vielzahl dieser Bedingungen lässt sich jedoch grundsätzlich in den folgenden vier Vorschriften zusammenfassen: Kein unzulässiges Geschlechtsleben, keine Berauschung, kein Verzehr von Fleisch und kein Glücksspiel. Dies ist das Minimum an Vorschriften, das man in jeder Form des Yoga einhalten muss. Wer aber kann im gegenwärtigen Zeitalter von diesen Betätigungen Abstand nehmen? Doch genau an diesen Maßstäben müssen wir unseren Erfolg im Yoga messen.

yogī yuñjīta satatam ātmānaṁ rahasi sthitaḥ
ekākī yata-cittātmā nirāśīr aparigrahaḥ

„Ein Transzendentalist sollte seinen Körper, seinen Geist und sein Selbst immer in Beziehung zum Höchsten beschäftigen; er sollte allein an einem einsamen Ort leben und seinen Geist stets sorgfältig beherrschen. Er sollte von Wünschen und Gefühlen der Besitzgier frei sein.“ (*Bhagavad-gītā* 6.10)

Aus diesem Vers wird ersichtlich, dass es die Pflicht eines Yogi ist, immer allein zu bleiben. Yogische Meditation kann nicht in einer Gruppe ausgeführt werden – zumindest nicht, wenn man den Anweisungen der *Bhagavad-gītā* folgen will. In diesem System der Meditation ist es nur dann möglich, den Geist auf die Überseele zu richten, wenn man sich an einen abgeschiedenen Ort zurückzieht. In Indien gibt es auch heute noch viele Yogis und Weise, die in völliger Einsamkeit leben; nur in seltenen Fällen treten sie an die Öffentlichkeit, um an besonderen Festen teilzunehmen, wie zum Beispiel an der Kumba Melā, die alle zwölf Jahre in Allahabad oder an einem anderen heiligen Ort stattfindet. Dort versammeln sich diese Yogis, genauso wie sich in Amerika Geschäftsleute bei einer Konferenz treffen. Es genügt jedoch nicht, in der Einsamkeit zu leben; der Yogi muss auch von materiellen Wünschen frei sein und sollte nicht die Absicht hegen, durch Yoga materielle Kräfte zu erlangen. Ebenso sollte er von den Menschen keine Geschenke oder Dienste entgegennehmen. Wenn der Yogi seine Meditation ernst nimmt, lebt er irgendwo allein im Dschungel, in den Wäldern oder Bergen und zieht sich von der Gesellschaft völlig zurück. Er muss sich immer vor Augen halten, für wen er ein Yogi geworden ist. Dann fühlt er sich auch nie allein, da er weiß, dass der Paramātmā, die Überseele, ständig bei ihm ist. Dies alles zeigt uns, dass es in der modernen Gesellschaft tatsächlich sehr schwierig ist, diese Form der Meditation richtig auszuüben; ja die Zivilisation des gegenwärtigen Zeitalters, des Kali-yuga, macht es einem sogar unmöglich, alleine zu sein und ohne Wünsche und Besitz zu leben.

Im weiteren Verlauf des Gesprächs mit Arjuna erwähnt Kṛṣṇa verschiedene Einzelheiten, die bei der yogischen Meditation beachtet werden müssen. Wörtlich sagt Śrī Kṛṣṇa:

śucau deśe pratiṣṭhāpya sthiram āsanam ātmanaḥ
nāty-ucchritaṁ nāti-nīcaṁ cailājina-kuśottaram

tatraikāgraṁ manaḥ kṛtvā yata-cittendriya-kriyaḥ
upaviśyāsane yuñjyād yogam ātma-viśuddhaye

„Um Yoga zu praktizieren, sollte man an einen einsamen Ort gehen, *kuśa*-Gras auf den Boden legen und es mit einem Rehfell und einem weichen Tuch bedecken. Der Sitz sollte nicht zu hoch und nicht zu niedrig sein und er sollte sich an einem heiligen Ort befinden. Der Yogi sollte fest darauf sitzen und sich in den Vorgang des Yoga vertiefen, um sein Herz zu reinigen, indem er seinen Geist, seine Sinne und seine Tätigkeiten beherrscht und den Geist auf einen Punkt konzentriert.“ (*Bhagavad-gītā* 6.11–12)

Im Allgemeinen sitzen Yogis auf einem Tiger- oder Rehfell, damit ihre Meditation nicht von irgendwelchen Kriechtieren gestört wird, denn diese Tiere meiden solche Felle. So sehen wir, dass alles in Gottes Schöpfung einen Nutzen hat. Jeder Grashalm und jedes Kraut hat seine ganz bestimmte Aufgabe und dient irgendeinem Zweck, selbst wenn wir uns dessen nicht bewusst sind. Hier erfahren wir aus der *Bhagavad-gītā* , dass Kṛṣṇa auch für die Yogis eine Vorkehrung getroffen hat, damit sie nicht von Schlangen gestört werden. Nachdem der Yogi sich in der Abgeschiedenheit auf einem geeigneten Sitzplatz niedergelassen hat, beginnt er mit der Läuterung des *ātmā* (Körper, Geist und Seele). Der Yogi sollte nicht danach trachten, mystische Kräfte zu erlangen. Obwohl Yogis zuweilen tatsächlich gewisse *siddhis,* mystische Kräfte, entwickeln, ist dies nicht das eigentliche Ziel des Yoga. Deshalb entfaltet ein echter Yogi diese Kräfte nicht, sondern denkt: „Da ich durch materielle Einflüsse verunreinigt bin, muss ich mich nun läutern.“

Aus diesen Beschreibungen wird schnell ersichtlich, dass die Beherrschung des Geistes und des Körpers nicht einfach ist und mehr verlangt, als in ein Geschäft zu gehen, in dem man sich alles Gewünschte kaufen kann. Kṛṣṇa weist allerdings darauf hin, dass einem das Befolgen dieser Regeln sehr leicht fällt, wenn man Kṛṣṇa-bewusst ist.

Es bleibt jedoch eine Tatsache, dass jeder in dieser Welt vom Geschlechtstrieb motiviert ist. Doch das Geschlechtsleben muss deshalb nicht verteufelt werden. Solange wir einen materiellen Körper haben, gibt es auch sexuelle Wünsche; außerdem müssen wir essen, um den Körper am Leben zu erhalten und schlafen, um ihm Ruhe zu gönnen. Wir können diese Tätigkeiten nicht einfach verneinen und daher geben uns die vedischen Schriften Richtlinien, wie wir das Essen, das Schlafen, die Fortpflanzung usw. regulieren können. Wenn es tatsächlich unser Wunsch ist, im Yoga Erfolg zu haben, dürfen wir nicht zulassen, dass die ungezügelten Sinne uns zum Genuss der Sinnesobjekte verleiten; deshalb werden Richtlinien festgelegt. Śrī Kṛṣṇa erklärt, dass der Geist durch Regulierung beherrscht werden kann. Lernen wir es nicht, unsere Tätigkeiten zu regulieren, wird unser Geist immer ruheloser werden. Die Tätigkeiten müssen nicht eingestellt, sondern in die richtigen Bahnen gelenkt werden und zwar durch ständige Beschäftigung des Geistes im Kṛṣṇa-Bewusstsein. Konstant in Verbindung mit Kṛṣṇa tätig zu sein, ist wahres *samādhi*. Es stimmt nicht, dass jemand, der *samādhi* erreicht hat, nicht mehr isst, arbeitet, schläft oder an nichts mehr Freude findet. In Wirklichkeit bedeutet *samādhi* die Ausführung regulierter Tätigkeiten, während man völlig in Gedanken an Kṛṣṇa versunken ist.

asaṁyatātmanā yogo duṣprāpa iti me matiḥ
vaśyātmanā tu yatatā śakyo 'vāptum upāyataḥ

„Für einen Menschen mit ungezügeltem Geist“, fährt Kṛṣṇa fort, „ist Selbstverwirklichung ein schwieriges Unterfangen.“ (*Bhagavad-gītā* 6.36) Jeder weiß, dass es sehr gefährlich ist, auf einem ungezügelten Pferd zu reiten. Es kann unverhofft in irgendeine Richtung ausbrechen, sodass dem Reiter höchstwahrscheinlich etwas zustoßen wird. Wenn der Geist ungezügelt ist, ist es tatsächlich sehr schwierig, dem Yogasystem zu folgen; insofern ist Kṛṣṇa mit Arjuna einer Meinung. „Demjenigen aber“, fügt Kṛṣṇa hinzu, „dessen Geist beherrscht ist und der sich mit geeigneten Mitteln bemüht, ist der Erfolg sicher. Das ist Meine Meinung.“ (*Bhagavad-gītā* 6.36) Was versteht man unter

„sich mit geeigneten Mitteln bemühen"? Es bedeutet, dass man versuchen muss, den vier bereits erwähnten grundlegenden regulierenden Prinzipien zu folgen und bei allen Tätigkeiten ins Kṛṣṇa-Bewusstsein vertieft zu sein.

Wenn man zu Hause Yoga praktizieren will, muss man sicherstellen, dass sich alle anderen Beschäftigungen im Rahmen halten. Man kann nicht täglich viele Stunden für harte Arbeit aufwenden, nur um seinen Lebensunterhalt zu verdienen. Alles muss maßvoll sein: Das Arbeiten, das Essen und auch die Zufriedenstellung der Sinne. Ebenso sollte man sein Leben so gut wie möglich von Sorgen und Ängsten freihalten; nur so kann man in der Ausübung von Yoga erfolgreich sein.

Was sind die Merkmale, an denen man erkennen kann, ob jemand die Vollkommenheit im Yoga erreicht hat? Kṛṣṇa antwortet, dass sie derjenige erreicht hat, der seinen Geist völlig zu beherrschen vermag:

yadā viniyataṁ cittam ātmany evāvatiṣṭhate
nispṛhaḥ sarva-kāmebhyo yukta ity ucyate tadā

„Wenn der Yogi durch das Praktizieren von Yoga die Tätigkeiten seines Geistes zügelt und sich auf die Ebene der Transzendenz erhebt – frei von materiellen Wünschen –, sagt man von ihm, er sei im Yoga fest verankert." (*Bhagavad-gītā* 6.18)

Wer im Yoga verankert ist, wird nicht vom Diktat seines Geistes beherrscht, vielmehr beherrscht *er* den Geist. Das heißt jedoch nicht, dass die Tätigkeiten des Geistes verdrängt oder abgetötet werden; denn es ist die Aufgabe des Yogi, ohne Unterlass an Kṛṣṇa, Viṣṇu, zu denken. Der Yogi darf es seinem Geist nicht erlauben, davon abzuweichen. Dies mag sehr schwierig erscheinen, doch im Kṛṣṇa-Bewusstsein wird es möglich. Wie kann der Geist von Kṛṣṇa abschweifen, wenn man ständig im Kṛṣṇa-Bewusstsein, im Dienste Kṛṣṇas, beschäftigt ist? In Kṛṣṇas Dienst wird der Geist automatisch beherrscht.

Ein Yogi sollte auch kein Verlangen nach materieller Sinnenbefriedigung haben. Wer Kṛṣṇa-bewusst ist, ersehnt nichts Anderes als Kṛṣṇa. Mit anderen Worten, es ist unmöglich, von Wünschen frei zu werden. Während der Wunsch nach Sinnenbefriedigung durch den Vorgang der Läuterung zu überwinden ist, muss gleichzeitig auch der Wunsch nach Kṛṣṇa entwickelt werden. Man muss einfach das Ziel des Wunsches verändern. Es geht nicht darum, Wünsche abzutöten, denn die Seele hat immer Wünsche. Das Kṛṣṇa-Bewusstsein ist der Vorgang, um die Wünsche zu läutern: Statt sich verschiedenste Dinge für die eigene Befriedigung zu wünschen, wünscht man sich einfach Dinge für Kṛṣṇas Dienst. Wir mögen uns zum Beispiel eine gute Mahlzeit wünschen, aber statt sie für uns selbst zuzubereiten, können wir sie für Kṛṣṇa zubereiten und sie Ihm darbringen. Nicht die Handlung wird verändert, sondern das Bewusstsein. Man handelt nicht mehr in der Haltung: „Ich tue das für meine Sinne", sondern: „Ich tue das für Kṛṣṇa." Es gibt viele vegetarische Zubereitungen aus Milch, Gemüse, Getreide, Früchten usw., die wir für Kṛṣṇa kochen können, um sie Ihm dann mit folgendem Gebet darzubringen: „Der materielle Körper ist ein Ort der Unwissenheit und die Sinne sind ein Netzwerk von Pfaden, die zum Tod führen. Von all diesen Sinnen ist die Zunge am ungestümsten und am schwierigsten zu beherrschen, ja es gibt nichts Schwierigeres in dieser Welt, als die Zunge zu zügeln. Deshalb hat uns Śrī Kṛṣṇa dieses wunderbare *prasādam* (spirituelle Nahrung) gegeben, damit wir lernen, die Zunge zu zügeln. Lasst uns also nun dieses *prasādam* zu unserer vollen Zufriedenheit einnehmen und die Herrlichkeit von Śrī Śrī Rādhā und Kṛṣṇa besingen und in Liebe die Hilfe Śrī Caitanyas und Nityānanda Prabhus anrufen!" Durch dieses Opfer kann unser Karma überwunden werden, denn von Anfang an sind wir uns bewusst, dass wir die Speisen Kṛṣṇa weihen werden. Wir sollten uns nicht wünschen, die Speisen selbst zu genießen. Kṛṣṇa jedoch ist so barmherzig, dass Er uns die Speisen überlässt, damit wir sie essen können. Auf diese Weise werden unsere Wünsche erfüllt.

Wenn jemand sein ganzes Leben so gestaltet und all seine Wünsche mit Kṛṣṇas Wünschen verbindet, hat er die Vollkommenheit des Yoga erreicht. Nur tief zu atmen und ein paar Körperübungen auszuführen, ist gemäß der *Bhagavad-gītā* nicht Yoga. Es bedarf einer vollkommenen Läuterung des Bewusstseins.

Für richtiges Yoga ist es sehr wichtig, dass der Geist nicht aufgewühlt ist.

yathā dīpo nivāta-stho neṅgate sopamā smṛtā
yogino yata-cittasya yuñjato yogam ātmanaḥ

„So wie ein Licht an einem windstillen Ort nicht flackert, bleibt auch der Transzendentalist, dessen Geist beherrscht ist, in seiner Meditation über das transzendente Selbst immer stetig." (*Bhagavad-gītā* 6.19)

Wenn sich eine Kerze an einem windstillen Ort befindet, ist ihre Flamme ruhig und flackert nicht. Der Geist ist, wie eine Flamme, leicht beeinflussbar und reagiert schon auf den leisesten Hauch von materiellen Wünschen. Eine geringe Beeinflussung des Geistes kann bereits das gesamte Bewusstsein verändern. In Indien war es deshalb Tradition, dass ein ernsthafter Yogi als *brahmacārī* im Zölibat lebte. Es gibt zwei Arten von *brahmacārīs:* Der eine lebt vollständig im Zölibat und der andere ist ein *gṛhastha-brahmacārī,* das heißt, er ist verheiratet, er verkehrt mit keiner anderen Frau und auch der Umgang mit seiner eigenen Frau ist genau geregelt. Durch Zölibat, beziehungsweise eingeschränktes Geschlechtsleben, kann eine Erregung des Geistes vermieden werden. Und doch kann es sein, dass selbst der Geist eines Menschen, der das Gelübde des vollständigen Zölibats auf sich genommen hat, immer noch von sexuellen Wünschen erregt wird; daher ist es in Indien denjenigen, die das traditionelle Yoga unter den strikten Gelübden des Zölibats ausüben, nicht einmal erlaubt, mit der eigenen Mutter, Schwester oder Tochter allein zu sein. Der Geist ist so launenhaft und ungestüm, dass schon die geringste Erregung verheerende Folgen haben kann.

Der Yogi sollte seinen Geist so schulen, dass er in der Lage ist, ihn sogleich zurückzuholen, wenn er von der Meditation über Viṣṇu abschweift. Dies erfordert große Übung. Der Yogi muss erkannt haben, dass das wahre Glück in der Freude zu finden ist, die man durch die transzendentalen Sinne erfährt und nicht in dem Genuss, den die materiellen Sinne bieten. Man muss weder die Sinne noch die Wünsche negieren, denn es gibt beides – Wünsche und Sinnengenuss – auch in der spirituellen Sphäre. Wahres Glück ist transzendental zu materiellen, sinnlichen Erfahrungen. Wer davon nicht überzeugt ist, wird bestimmt wieder materiellen Einflüssen unterliegen und zu Fall kommen. Man muss sich deshalb bewusst sein, dass das Glück, das man sich von materieller Sinnenbefriedigung erhofft, nicht wirkliches Glück ist.

Die echten Yogis erfahren wahren Genuss. Doch worin besteht dieser Genuss? *Ramante yogino 'nante:* Ihr Genuss ist unbegrenzt und dieser unbegrenzte Genuss ist wahres Glück; solches Glück ist spirituell, nicht materiell. Das ist die eigentliche Bedeutung des Wortes *Rāma,* wie es im Mantra Hare Rāma vorkommt. *Rāma* bezieht sich auf den Genuss, den man durch spirituelles Leben erfährt. Das spirituelle Leben ist voller Freude und Kṛṣṇa ist voller Freude.

Es geht nicht darum, die Freude zu verneinen, sondern sie auf richtige Weise zu erfahren. Ein Kranker kann das Leben nicht genießen; was er erfährt, ist falscher Genuss. Wenn er jedoch wieder gesund ist, kann er sich des Lebens freuen. Ebenso erfahren auch wir keinen wahren Genuss, solange wir in die materielle Lebensauffassung vertieft sind, sondern werden mehr und mehr in die materielle Natur verstrickt. Wenn ein Patient nicht essen darf, aber trotzdem maßlos isst, verursacht er dadurch seinen eigenen Tod. Je mehr wir also den materiellen Genuss vergrößern, desto tiefer werden wir in die Welt verstrickt und desto schwieriger wird es, aus der materiellen Gefangenschaft auszubrechen. Alle Yogasysteme haben das Ziel, die bedingte Seele aus dieser Gefangenschaft zu befreien und sie vom falschen Genuss materieller Dinge zum wahren Genuss des Kṛṣṇa-Bewusstseins zu führen. Śrī Kṛṣṇa sagt:

yatroparamate cittaṁ niruddhaṁ yoga-sevayā
yatra caivātmanātmānaṁ paśyann ātmani tuṣyati

sukham ātyantikaṁ yat tad buddhi-grāhyam atīndriyam
vetti yatra na caivāyaṁ sthitaś calati tattvataḥ

yaṁ labdhvā cāparaṁ lābhaṁ manyate nādhikaṁ tataḥ
yasmin sthito na duḥkhena guruṇāpi vicālyate

taṁ vidyād duḥkha-saṁyoga-viyogaṁ yoga-saṁjñitam

Auf der Stufe der Vollkommenheit, die Trance oder *samādhi* genannt wird, ist der Geist durch das Praktizieren von Yoga vollständig von allen materiellen gedanklichen Tätigkeiten gelöst. Diese Vollkommenheit ist dadurch charakterisiert, dass man die Fähigkeit erlangt, durch den reinen Geist das Selbst zu sehen und im Selbst Freude und Zufriedenheit zu genießen. In diesem freudvollen Zustand erfährt man grenzenloses, transzendentales Glück, das durch transzendentale Sinne wahrgenommen wird. So verankert, weicht man niemals von der Wahrheit ab und wenn man diese Stufe erreicht hat, ist man überzeugt, dass es keinen größeren Gewinn gibt. In einer solchen Stellung gerät man niemals, nicht einmal inmitten der größten Schwierigkeiten, ins Wanken. Dies ist in der Tat wirkliche Freiheit von allen Leiden, die aus der Berührung mit der Materie entstehen." (*Bhagavad-gītā* 6.20–23)

Der eine Yogapfad mag schwierig sein und der andere leicht, doch in jedem Fall muss man sein Dasein läutern, indem man erkennt, dass wahrer Genuss im Kṛṣṇa-Bewusstsein zu finden ist. Dann wird man glücklich sein.

yadā hi nendriyārtheṣu na karmasv anuṣajjate
sarva-saṅkalpa-sannyāsī yogārūḍhas tadocyate

uddhared ātmanātmānaṁ nātmānam avasādayet
ātmaiva hy ātmano bandhur ātmaiva ripur ātmanaḥ

„Man sagt, jemand sei im Yoga fortgeschritten, wenn er alle materiellen Wünsche aufgegeben hat und weder für Sinnenbefriedigung handelt, noch fruchtbringenden Tätigkeiten nachgeht. Man sollte sich mit Hilfe seines Geistes befreien und nicht erniedrigen. Der Geist ist der Freund der bedingten Seele, aber auch ihr Feind." (*Bhagavad-gītā* 6.4–5)

Wir müssen uns selbst bemühen, uns auf die spirituelle Ebene zu erheben. So gesehen bin ich mein eigener Freund oder mein eigener Feind. Wir haben die Wahl. In diesem Zusammenhang gibt es einen sehr schönen Vers von Cāṇakya Pāṇḍita: „Niemand ist der Freund oder Feind eines anderen. Nur anhand des Verhaltens kann man erkennen, wer Freund und wer Feind ist." Mit anderen Worten, niemand wird als unser Feind geboren und niemand wird als unser Freund geboren. Diese Rollen werden durch das gegenseitige Verhalten bestimmt. Wie man im Alltag zu anderen Menschen eine Beziehung hat, so hat man auch eine Beziehung zu sich selbst. Jeder kann sich selbst ein Freund oder ein Feind sein. Ich bin mein Freund, wenn ich erkenne, dass ich eine spirituelle Seele bin, die irgendwie in den Einflussbereich der materiellen Natur geraten ist, und dann versuche, so zu handeln, dass ich von der materiellen Verstrickung frei werde. Aber wenn ich diese Gelegenheit nicht nutze, selbst nachdem sie sich mir bietet, bin ich als mein größter Feind anzusehen.

bandhur ātmātmanas tasya yenātmaivātmanā jitaḥ
anātmanas tu śatrutve vartetātmaiva śatru-vat

„Für den, der den Geist bezwungen hat, ist der Geist der beste Freund; doch für den, der dies versäumt hat, bleibt der Geist der größte Feind." (*Bhagavad-gītā* 6.6)

Wie ist es möglich, ein Freund seiner selbst zu werden? Dies wird hier erklärt. *Ātmā* kann „Geist", „Körper" und „Seele" bedeuten. Wenn wir uns in der körperlichen Lebensauffassung befinden und von *ātmā* sprechen, meinen wir damit den Körper. Wenn wir die körperliche Lebensauffassung hinter uns lassen und uns auf die mentale Ebene erheben, bezieht sich *ātmā* auf den Geist. Sind wir aber auf der spirituellen Ebene verankert, bezieht sich *ātmā* auf die Seele. In Wirklichkeit sind wir reine spirituelle Seelen. Auf diese Weise kann das Wort *ātmā* – gemäß der spirituellen Entwicklung jedes einzelnen – unterschiedliche Bedeutungen haben. Das vedische Wörterbuch *Nirukti* erklärt, dass sich das Wort *ātmā* auf Körper, Geist und Seele beziehen kann, doch in diesem Vers der *Bhagavad-gītā* bedeutet *ātmā* „Geist".

Wenn es gelingt, durch Yoga den Geist zu schulen, ist er unser Freund; wird er hingegen nicht geschult, kann man unmöglich ein erfolgreiches Leben führen. Für jemanden, der vom spirituellen Leben keine Ahnung hat, ist der Geist ein Feind. Solange man sich für den Körper hält, wird der Geist nicht für das eigene Wohl tätig sein, sondern bloß dem Interesse des physischen Körpers dienen, was einzig und allein dazu führt, dass das Lebewesen noch mehr verstrickt wird und immer tiefer in die materielle Gefangenschaft gerät. Wenn man jedoch versteht, dass man eine spirituelle Seele jenseits des Körpers ist, kann der Geist eine befreiende Rolle spielen. Der Geist an sich hat nichts zu tun; er wartet einfach nur darauf, geschult zu werden, und am besten wird er durch Gemeinschaft geschult. Die Funktion des Geistes ist es, zu wünschen, und Wünsche werden von der Gemeinschaft, in der wir uns befinden, geprägt. Deshalb müssen wir guten Umgang pflegen, wenn der Geist unser Freund sein soll.

Die beste Gemeinschaft ist die eines *sādhu,* eines Kṛṣṇa-bewussten Menschen, der nach spiritueller Verwirklichung strebt. Diejenigen, die an vergänglichen Dingen (*asat*), der Materie und dem Körper, interessiert sind, streben nur nach körperlichen Annehmlichkeiten und werden auf diese Weise von vergänglichen Dingen gefangen. Wer sich jedoch um Selbstverwirklichung bemüht, bemüht sich um etwas Beständiges (*sat*). Es ist deshalb nur natürlich, dass ein intelligenter Mensch die Gemeinschaft derer sucht, die auf einem der Yogapfade nach Selbstverwirklichung streben. Solche *sādhus* (selbstverwirklichte Seelen) werden in der Lage sein, uns vom Verlangen nach weltlicher Gemeinschaft zu befreien. Dies ist der große Vorteil guten Umgangs. Kṛṣṇa beispielsweise sprach die *Bhagavad-gītā* zu Arjuna, um seine Anhaftung an materielle Zuneigung zu durchtrennen. Weil Arjuna an äußerlichen Bindungen hing, die ihn an der Erfüllung seiner Pflicht hinderten, durchtrennte Kṛṣṇa diese Bindungen. Um etwas zu durchtrennen, braucht man ein scharfes Messer und um den

Geist von seinen Anhaftungen zu befreien, sind oft scharfe Worte erforderlich. Der *sādhu,* der Lehrer, zeigt kein Mitleid, wenn es darum geht, den Geist des Schülers mit Hilfe scharfer Worte von seinen materiellen Anhaftungen zu trennen; denn dadurch, dass er kompromisslos die Wahrheit spricht, gelingt es ihm, die Fesseln des Schülers zu durchschneiden. Zu Beginn der *Bhagavad-gītā* beispielsweise richtet Kṛṣṇa scharfe Worte an Arjuna, indem Er ihm sagt, er sei ein großer Dummkopf, obwohl er wie ein Gelehrter zu sprechen scheine. Wenn wir tatsächlich Loslösung von der materiellen Welt wünschen, müssen wir bereit sein, vom spirituellen Meister solche schneidenden Worte entgegenzunehmen. Kompromisse und Schmeicheleien zeigen keine Wirkung, wenn ein schärferer Ton vonnöten ist.

An vielen Stellen der *Bhagavad-gītā* wird die materielle Lebensauffassung verurteilt. Wer denkt, das Land seiner Geburt wäre verehrungswürdig oder wer heilige Orte besucht, ohne den dort lebenden *sādhus* Beachtung zu schenken, wird mit einem Esel verglichen. Genauso wie ein Feind einem immer Schaden zufügen will, wird auch der ungeschulte Geist einen immer tiefer in die materielle Verstrickung hineinziehen. Die bedingten Seelen kämpfen hart mit dem Geist und den anderen Sinnen; da aber der Geist die Sinne lenkt, ist es von höchster Wichtigkeit, den Geist zum Freund zu machen.

jitātmanaḥ praśāntasya paramātmā samāhitaḥ
śītoṣṇa-sukha-duḥkheṣu tathā mānāpamānayoḥ

„Wer den Geist bezwungen hat, hat die Überseele bereits erreicht, denn er hat Ausgeglichenheit erlangt. Für einen solchen Menschen sind Glück und Leid, Hitze und Kälte, Ehre und Schmach alle das Gleiche.“ (*Bhagavad-gītā* 6.7)

Nur wenn wir den Geist schulen, können wir tatsächlich Ausgeglichenheit erlangen; denn sonst wird uns der Geist immer zu unbeständigen Dingen ziehen; genau wie ein Pferd, das außer Kontrolle geraten ist, eine Kutsche auf gefährliche Abwege lenkt. Obwohl wir unvergänglich und ewig sind, haben wir aus irgendeinem Grund Zuneigung zu vergänglichen Dingen entwickelt. Aber der Geist kann leicht umgeschult werden, wenn man ihn einfach auf Kṛṣṇa richtet. So wie eine Festung uneinnehmbar ist, solange sie von einem mächtigen General verteidigt wird, können keine Feinde in die Festung unseres Geistes eindringen, wenn Kṛṣṇa in ihr weilt. Weltliche Bildung, weltlicher Reichtum und weltliche Macht werden uns nicht helfen, den Geist zu beherrschen. Im Gebet eines großen Gottgeweihten heißt es: „Wann werde ich fähig sein, ununterbrochen an Dich zu denken? Mein Geist schweift ständig ab; doch sobald ich ihn auf Deine Lotosfüße richte, oh Kṛṣṇa, wird er klar." Wenn der Geist klar ist, wird es möglich, über die Überseele zu meditieren, die im Herzen eines jeden Lebewesens neben der individuellen Seele weilt. Das Yogasystem besteht darin, den Geist zu konzentrieren und ihn auf den Paramātmā, die Überseele im Herzen, zu richten. Der oben zitierte Vers der *Bhagavad-gītā* erklärt, dass jemand, der den Geist bezwungen und alles Verlangen nach unbeständigen Dingen überwunden habe, sich in die Meditation über den Paramātmā vertiefen könne, um so von aller Dualität und von falscher Identifikation frei zu werden.

5

Yoga als Befreiung von Dualität

Die materielle Welt ist eine Welt der Dualität: Heute sind wir der Hitze des Sommers unterworfen und morgen schon der Kälte des Winters; einmal sind wir glücklich und ein andermal unglücklich; einmal werden wir geehrt und ein andermal geschmäht. In dieser Welt der Dualität ist es unmöglich, etwas getrennt von seinem Gegenteil zu verstehen. Man kann nicht verstehen, was Ehre ist, solange man nicht weiß, was Schmach ist. Ebensowenig kann man verstehen, was Leid ist, wenn man niemals Glück erfahren hat, oder verstehen, was Glück ist, wenn man niemals Leid erfahren hat. Diese Dualitäten müssen überwunden werden, aber solange man einen materiellen Körper hat, wird es auch diese Dualitäten geben. Wenn man sich von der körperlichen Lebensauffassung befreien will – nicht vom Körper, sondern von der fälschlichen Identifikation mit dem Körper –, muss man lernen, diese Dualitäten zu erdulden. Im zweiten Kapitel der *Bhagavad-gītā* sagt Kṛṣṇa zu Arjuna, dass die Erfahrung der Dualität von Freud und Leid allein auf den Körper zurückzuführen ist. Man muss lernen, sie zu erdulden wie eine Hautkrankheit. Obwohl eine solche Krankheit starkes Jucken verursachen kann, sollte man nicht wie verrückt kratzen. Wir sollten nicht die Nerven verlieren oder von unserer Pflicht abweichen, nur weil uns Mücken stechen. Es gibt eine Unzahl von Dualitäten, die man erdulden muss, aber wenn der Geist im Kṛṣṇa-Bewusstsein gefestigt ist, werden all diese Dualitäten unbedeutend erscheinen.

Wie wird es möglich, solche Dualitäten zu erdulden?

jñāna-vijñāna-tṛptātmā kūṭa-stho vijitendriyaḥ
yukta ity ucyate yogī sama-loṣṭrāśma-kāñcanaḥ

„Ein Mensch gilt als selbstverwirklicht und wird als Yogi [Mystiker] bezeichnet, wenn er Kraft gelernten und verwirklichten Wissens völlig zufrieden ist. Ein solcher Mensch ist in der Transzendenz verankert und selbstbeherrscht. Er sieht alles – ob Kies, Steine oder Gold – als gleich an." (*Bhagavad-gītā* 6.8)

Jñāna bedeutet theoretisches Wissen und *vijñāna* praktisches Wissen. Ein Naturwissenschaftler zum Beispiel muss sowohl die theoretischen Grundlagen als auch die praktische Anwendung seiner Wissenschaft studieren. Theoretisches Wissen allein wird nichts nützen, solange man nicht weiß, wie man es anwendet. Ebenso sollte man im Yoga nicht nur theoretisches Wissen, sondern auch praktisches Wissen haben. Es hilft nichts, wenn man einfach sagt: „Ich bin nicht der Körper", und gleichzeitig auf unsinnige Weise handelt. Es gibt zahlreiche Gesellschaften, deren Mitglieder angeregt *Vedānta*-Philosophie diskutieren, während sie gleichzeitig rauchen, trinken und ein sinnliches Leben führen. Niemandem ist mit rein theoretischem Wissen geholfen, denn Wissen muss praktisch angewendet werden. Wer tatsächlich versteht, dass er nicht der Körper ist, wird ernsthaft versuchen, seine körperlichen Bedürfnisse auf ein Minimum zu beschränken. Wenn man behauptet: „Ich bin nicht der Körper", aber gleichzeitig die Bedürfnisse des Körpers vermehrt, hat dieses Wissen keinen Nutzen. Ein Mensch findet nur dann Zufriedenheit, wenn er sowohl *jñāna* als auch *vijñāna* besitzt.

Wer spirituelles Wissen praktisch verwirklicht hat, ist wahrhaft im Yoga verankert. Es hat keinen Wert, ständig an Yogakursen teilzunehmen, wenn man genauso weiterlebt wie zuvor. Es muss sich praktische Verwirklichung einstellen. Und woran erkennt man diese? Der Geist wird ruhig und ausgeglichen sein und nicht mehr von der Anziehungskraft der materiellen Welt beeinflusst werden. Auf dieser Stufe der Selbstbeherrschung fühlt man sich nicht mehr zum materiellen Flimmern hingezogen und man sieht alles – ob Kies, Steine oder Gold – als gleich an. In der materialistischen Zivilisation werden im Namen des materiellen Fortschritts zahllose Produkte erzeugt, die nur der Sinnenbefriedigung dienen; wer aber im Yoga fortgeschritten ist, misst solchen Produkten nicht mehr Wert bei als dem Abfall auf der Straße. Des Weiteren erklärt die *Bhagavad-gītā:*

suhṛn-mitrāry-udāsīna-madhyastha-dveṣya-bandhuṣu
sādhuṣv api ca pāpeṣu sama-buddhir viśiṣyate

„Als noch weiter fortgeschritten gilt derjenige, der aufrichtige Gönner, zugeneigte Wohltäter, neutral Gesinnte, Vermittler und Neider, Freunde und Feinde, sowie die Frommen und die Sünder alle mit gleicher Geisteshaltung sieht." (*Bhagavad-gītā* 6.9)

Es gibt verschiedene Arten von Freunden: Den *suhṛt,* der von Natur aus ein Wohltäter ist und einem immer nur das Beste wünscht; den *mitra,* einen gewöhnlichen Freund und den *udāsīna,* der neutral gesinnt ist. In der materiellen Welt tritt der eine als unser Wohltäter oder Freund auf und ein anderer ist uns weder freundlich noch feindlich, sondern neutral gesinnt. Der eine kann als Vermittler zwischen uns und unseren Feinden dienen, was im obigen Vers als *madhya-stha* bezeichnet wird, und ein anderer mag uns entsprechend unseren eigenen Maßstäben fromm oder sündhaft erscheinen. Doch für jemanden, der in der Transzendenz verankert ist, hören diese Unterscheidungen wie Freund und Feind auf zu existieren. Wer wahres Wissen besitzt, sieht niemanden mehr als Feind oder Freund, denn er hat erkannt, dass in Wirklichkeit niemand „mein Feind", „mein Freund", „mein Vater" oder „meine Mutter" ist. Wir alle sind Lebewesen, die verkleidet als Vater, Mutter, Kind, Freund, Feind, Sünder oder Heiliger auf einer Bühne auftreten, vergleichbar mit einem monumentalen Bühnenstück, in dem verschiedenste Personen ihre Rolle spielen. Auf der Bühne kann jemand die Rolle eines Feindes spielen, aber wenn die Schauspieler die Bühne verlassen, sind sie allesamt Freunde. Ebenso spielen wir auf der Bühne der materiellen Natur mit unserem Körper vielerlei Rollen und versehen uns gegenseitig mit vielerlei Bezeichnungen. Ich mag denken: „Dies ist mein Sohn", aber in Wirklichkeit ist es mir nicht möglich, einen Sohn zu zeugen; ich kann höchstens einen Körper zeugen. Es liegt nicht in der Macht des Menschen, ein Lebewesen zu zeugen. Bloß durch Geschlechtsverkehr kann kein Lebewesen gezeugt werden. Damit ein Kind entstehen kann, muss erst das Lebewesen in die Verbindung von Samen- und Eizelle hineinversetzt werden. So lautet die Aussage des *Śrīmad-Bhāgavatam.*

Die verschiedenen Beziehungen zwischen Körpern sind also nur ein Rollenspiel auf einer Bühne. Wer jedoch tatsächlich selbstverwirklicht ist und die Stufe des Yoga erreicht hat, sieht diese körperlichen Unterschiede nicht mehr.

6

Das Schicksal des gescheiterten Yogi

Die *Bhagavad-gītā* lehnt die yogische Meditation nicht etwa ab, vielmehr erkennt sie diese Form des Yoga als autorisierten Vorgang an, weist aber darauf hin, dass sie im gegenwärtigen Zeitalter nicht durchführbar ist. Deshalb schließen Kṛṣṇa und Arjuna dieses Thema des 6. Kapitels der *Bhagavad-gītā* schnell ab und Arjuna stellt seine nächste Frage:

ayatiḥ śraddhayopeto yogāc calita-mānasaḥ
aprāpya yoga-saṁsiddhiṁ kāṁ gatiṁ kṛṣṇa gacchati

„O Kṛṣṇa, was ist die Bestimmung eines Transzendentalisten, der nicht erfolgreich ist, der am Anfang den Vorgang der Selbstverwirklichung mit Glauben aufnimmt, ihn später jedoch aufgrund seiner Weltzugewandtheit wieder verlässt und daher die Vollkommenheit der Mystik nicht erreicht?" (*Bhagavad-gītā* 6.37)

Mit anderen Worten, Arjuna fragt nach der Bestimmung eines gescheiterten Yogi, der zwar versucht, Yoga auszuüben, dann aber aus irgendwelchen Gründen wieder davon abkommt und nicht den endgültigen Erfolg erlangt. Solch ein Yogi lässt sich mit einem Studenten vergleichen, der kein Diplom bekommt, da er sein Studium abbricht. An einer anderen Stelle in der *Gītā* (7.3) sagt Śrī Kṛṣṇa zu Arjuna, dass unter vielen Menschen nur wenige nach Vollkommenheit streben und dass unter denen, die nach Vollkommenheit streben, nur wenige die Vollkommenheit erlangen. Arjuna fragt deshalb, was aus denjenigen wird, denen kein Erfolg beschieden ist. Denn es ist sehr wohl möglich, dass selbst jemand, der Glauben besitzt und sich im Yoga um Vollkommenheit bemüht, diese Vollkommenheit aufgrund von „Weltzugewandtheit" nicht erreicht.

kaccin nobhaya-vibhraṣṭaś chinnābhram iva naśyati
apratiṣṭho mahā-bāho vimūḍho brahmaṇaḥ pathi

„O starkarmiger Kṛṣṇa, ist ein solcher Mensch, der vom Pfad der Transzendenz abweicht, nicht sowohl des spirituellen als auch des materiellen Erfolgs beraubt und wird er nicht wie eine zerrissene Wolke vergehen, haltlos in jeder Beziehung?" (*Bhagavad-gītā* 6.38)

Sobald eine Wolke einmal vom Wind auseinandergetrieben wurde, wird sie sich nie wieder zusammenfügen.

etan me saṁśayaṁ kṛṣṇa chettum arhasy aśeṣataḥ
tvad-anyaḥ saṁśayasyāsya chettā na hy upapadyate

„Das ist mein Zweifel, o Kṛṣṇa, und ich bitte Dich, ihn völlig zu beseitigen. Außer Dir gibt es niemanden, der diesen Zweifel zerschlagen kann." (*Bhagavad-gītā* 6.39)

Arjuna stellt hier die Frage nach dem weiteren Schicksal eines gescheiterten Yogi, damit zukünftige Generationen nicht entmutigt werden. Mit dem Wort Yogi bezieht sich Arjuna sowohl auf den *haṭha-yogī* wie auch auf den *jñāna-yogī* und *bhakti-yogī*, denn Meditation ist nicht die einzige Form des Yoga. Der Meditierende, der Philosoph und der Gottgeweihte gelten alle als Yogis. Arjuna stellt daher diese Frage im Namen all derer, die sich bemühen, erfolgreiche Transzendentalisten zu werden. Śrī Kṛṣṇa antwortet ihm wie folgt:

śrī-bhagavān uvāca
pārtha naiveha nāmutra vināśas tasya vidyate
na hi kalyāṇa-kṛt kaścid durgatiṁ tāta gacchati

„Die Höchste Persönlichkeit Gottes sprach: O Sohn Pṛthās, ein Transzendentalist, der glückbringenden Tätigkeiten nachgeht, wird weder in dieser Welt, noch in der spirituellen Welt Vernichtung erleiden; wer Gutes tut, mein Freund, wird niemals vom Schlechten besiegt." (*Bhagavad-gītā* 6.40)

In diesem wie auch in vielen anderen Versen der *Gītā* wird Śrī Kṛṣṇa als *Bhagavān* bezeichnet. Dies ist einer der unzähligen Namen des Herrn. *Bhagavān* weist darauf hin, dass Kṛṣṇa der Besitzer von sechs Vollkommenheiten ist: Er besitzt Schönheit, Reichtum, Macht, Ruhm, Wissen und Entsagung in unbegrenztem Ausmaß. Auch die Lebewesen haben an diesen Vollkommenheiten teil, wenn auch nur in sehr begrenztem Ausmaß. Jemand mag in einer Familie, in einer Stadt, in einem Land oder auf einem Planeten berühmt sein, doch niemand ist in der gesamten Schöpfung so berühmt wie Śrī Kṛṣṇa. Staatsführer erlangen vielleicht für einige Jahre Ruhm, Śrī Kṛṣṇa jedoch, der vor 5 000 Jahren erschien, wird noch heute verehrt. Wer also diese sechs Vollkommenheiten in unbegrenztem Ausmaß besitzt, ist Gott. In der *Bhagavad-gītā* offenbart Sich Kṛṣṇa Arjuna als der Höchste Herr, der vollständiges Wissen besitzt. Kṛṣṇa lehrte die *Bhagavad-gītā* den Sonnengott und Arjuna, doch nirgendwo wird erwähnt, dass die *Bhagavad-gītā* Kṛṣṇa gelehrt wurde. Denn vollständiges Wissen bedeutet, dass man alles weiß, und dies ist eine Eigenschaft, die nur Gott besitzt. Da Kṛṣṇa alles weiß, stellt Ihm Arjuna hier die Frage nach der Bestimmung eines gescheiterten Yogi. Es wäre aussichtslos, wenn Arjuna versuchte, die Wahrheit selbst herauszufinden. Er muss die Wahrheit einfach von der vollkommenen Quelle empfangen, so wie es das System der Schülernachfolge vorsieht. Kṛṣṇa ist vollkommen und das Wissen, das von Kṛṣṇa ausgeht, ist ebenfalls vollkommen. Wenn wir das vollkommene Wissen, das Arjuna erhalten hat, von ihm so empfangen, wie es zu ihm gesprochen wurde, gelangen auch wir in den Besitz von vollkommenem Wissen. Und was besagt dieses Wissen? „Die Höchste Persönlichkeit Gottes sprach: O Sohn Pṛthās, ein Transzendentalist, der glückbringenden Tätigkeiten nachgeht, wird weder in dieser Welt noch in der spirituellen Welt Vernichtung erleiden; wer Gutes tut, Mein Freund, wird niemals vom Bösen besiegt." (*Bhagavad-gītā* 6.40) Mit diesen Worten weist Kṛṣṇa darauf hin, dass die Bemühung um Vollkommenheit im Yoga allein schon höchst glückverheißend ist; und wer sich um etwas so Glückverheißendes bemüht, wird niemals erniedrigt.

Arjuna stellt eine sehr wichtige und intelligente Frage, denn es ist nicht selten, dass jemand von der Ebene des hingebungsvollen Dienstes wieder herabfällt. Manchmal kann ein Gottgeweihter, der ein Anfänger ist, die Regeln und Vorschriften nicht einhalten. Es kann vorkommen, dass er der Berauschung oder dem Zauber schöner Frauen erliegt. Dies alles sind Hindernisse auf dem Pfad zur Vollkommenheit des Yoga. Doch Śrī Kṛṣṇa gibt Arjuna eine ermutigende Antwort, denn Er sagt, dass jemand, der mit aufrichtiger Bemühung auch nur ein einziges Prozent an spirituellem Wissen entwickelt, nie wieder in den materiellen Strudel

His Divine Grace
A. C. Bhaktivedanta Swami Prabhupāda
Gründer-*Ācārya* der Internationalen Gesellschaft für Krishna-Bewusstsein

Nachdem er von Śrī Kṛṣṇa die *Bhagavad-gītā* vernommen hatte, ließ Arjuna seine Befürchtungen hinter sich und kämpfte. (S. 8)

An Kṛṣṇa zu denken, ist die Essenz aller Yogasysteme. (S. 17)

In Kṛṣṇas Reich herrscht keine Leere, sondern es ist ein Ort, wo sich vielfältige Aktivitäten abspielen. (S. 24)

Die Überseele weilt stets im Herzen, zusammen mit der individuellen Seele. (S. 40)

Bhagavān Śrī Kṛṣṇa ist als Höchste Persönlichkeit Gottes mit allen Vollkommenheiten ausgestattet. (S. 47)

Wir können den Höchsten Herrn als Meister, Freund, Kind oder Ehemann lieben. (S. 60)

In der Kette der Yogavorgänge ist Kṛṣṇa-Bewusstsein das letzte Glied, das uns mit der Höchsten Person Śrī Kṛṣṇa verbindet. (S. 65)

hineingerissen wird. Das ist die Macht einer ernsthaften Bemühung. Wir dürfen nie vergessen, dass wir schwach sind und dass die materielle Energie sehr stark ist. Spirituelles Leben aufzunehmen, bedeutet mehr oder weniger, der materiellen Energie den Krieg zu erklären. Die materielle Energie versucht immer, die bedingte Seele mit allen Mitteln zu verführen; doch wenn die bedingte Seele im spirituellen Wissen Fortschritt machen will, um ihren Fängen zu entkommen, bemüht sich *māyā,* die materielle Energie, noch mehr, die Ernsthaftigkeit des aufstrebenden Spiritualisten zu prüfen und wird mit größeren Verlockungen aufwarten.

In diesen Zusammenhang passt die Geschichte von Viśvāmitra Muni, einem großen König und *kṣatriya,* der seinem Königreich entsagte und sich dem Vorgang des Yoga zuwandte, um spirituellen Fortschritt zu machen. Zu jener Zeit war es noch möglich, dem Vorgang der yogischen Meditation zu folgen. Viśvāmitra Muni versenkte sich so tief in Meditation, dass Indra, der König des Himmels, auf ihn aufmerksam wurde und dachte: „Dieser Mensch versucht, mir meine Stellung streitig zu machen." Da auch die himmlischen Planeten materiell sind, gibt es selbst dort Konkurrenzdenken – genau wie unter Geschäftsleuten, bei denen keiner von einem anderen übertroffen werden will. Aus Furcht, Viśvāmitra Muni würde ihn entthronen, sandte Indra ein himmlisches Freudenmädchen namens Menakā, damit sie ihn verführe. Menakā war von bezaubernder Schönheit und sie war entschlossen, die Meditation des Muni zu unterbrechen. Tatsächlich wurde er durch den Klang der Fußglöckchen auf ihre Gegenwart aufmerksam und blickte sogleich von seiner Meditation auf. Als er Menakā sah, wurde er von ihrer Schönheit überwältigt und aus ihrer Verbindung ging das hübsche Mädchen Śakuntalā hervor. Bei Śakuntalās Geburt klagte Viśvāmitra: „O weh, ich versuchte, spirituelles Wissen zu kultivieren und wieder ließ ich mich verführen!" Als Menakā mit der bezaubernden Tochter vor ihn trat, wollte Viśvāmitra sich entfernen. Sie tadelte ihn und flehte ihn an, aber dennoch entschloss er sich letztlich, aufzubrechen und sein spirituelles Leben fortzuführen.

Dieses Beispiel zeigt, dass auf dem Pfad des Yoga jederzeit ein Rückschlag möglich ist. Sogar ein großer Weiser wie Viśvāmitra Muni kann weltlichen Verlockungen zum Opfer fallen. Doch obwohl er zu Fall kam, entschloss er sich, den Yogavorgang wieder aufzunehmen und dies sollte auch unser Entschluss sein. Kṛṣṇa bekräftigt, dass solche Fehlschläge kein Grund zur Verzweiflung sind. Ein bekanntes [englisches] Sprichwort lautet: „Misserfolg ist die Säule des Erfolgs." Insbesondere im spirituellen Leben sollte man sich von Fehlschlägen nicht entmutigen lassen. Kṛṣṇa sagt sehr deutlich, dass man selbst bei einem Misserfolg weder im jetzigen noch im nächsten Leben einen Verlust erleidet. Wer sich dem glückverheißenden Pfad des spirituellen Lebens zuwendet, kann durch nichts völlig vernichtet werden.

Was geschieht jedoch konkret mit einem Spiritualisten, der nicht die Vollkommenheit erreicht? Wie Śrī Kṛṣṇa erklärt, gibt es mehrere Möglichkeiten:

prāpya puṇya-kṛtāṁ lokān uṣitvā śāśvatīḥ samāḥ
śucīnāṁ śrīmatāṁ gehe yoga-bhraṣṭo 'bhijāyate

athavā yoginām eva kule bhavati dhīmatām
etad dhi durlabhataraṁ loke janma yad īdṛśam

„Nach vielen, vielen Jahren des Genusses auf den Planeten der frommen Lebewesen wird der gescheiterte Yogi in einer Familie rechtschaffener Menschen oder in einer reichen, aristokratischen Familie geboren. Oder er wird in einer Familie von Transzendentalisten geboren, die zweifellos große Weisheit besitzen. Wahrlich, eine solche Geburt ist sehr selten in dieser Welt." (*Bhagavad-gītā* 6.41–42)

Es gibt viele Planeten im Universum und auf den höheren Planeten genießt man größere Annehmlichkeiten und eine längere Lebensdauer als auf der Erde. Die Bewohner der höheren Planeten sind religiös und von göttlichem Wesen. Es heißt, dass sechs Monate auf der Erde einem Tag auf den höheren Planeten gleichkommen, was bedeutet, dass der gescheiterte Yogi für viele, viele Jahre auf diesen Planeten leben darf. Den vedischen Schriften zufolge beträgt die Lebensdauer auf den himmlischen Planeten 10 000 Jahre. Selbst wenn jemand auf dem Pfad des Yoga scheitert, wird er auf diese höheren Planeten erhoben. Doch auch dort kann er nicht ewig bleiben. Denn sobald die Früchte oder Ergebnisse seiner frommen Tätigkeiten aufgebraucht sind, muss er wieder zur Erde zurückkehren. Ein gescheiterter Yogi befindet sich aber selbst nach seiner Rückkehr auf die Erde noch in günstigen Umständen, denn er wird in einer sehr reichen oder frommen Familie geboren werden.

Wer fromme Taten vollbringt, wird gemäß dem Gesetz des Karma im nächsten Leben für gewöhnlich mit einer Geburt in einer aristokratischen oder wohlhabenden Familie, mit großer Gelehrtheit oder mit Schönheit belohnt. Auf alle Fälle ist jedem, der sich ernsthaft dem spirituellen Leben zuwendet, im nächsten Leben nicht nur eine Geburt als Mensch garantiert, sondern sogar eine Geburt in einer sehr frommen oder reichen Familie. Wer in solch günstigen Umständen geboren wird, hat dies also seinen früheren frommen Handlungen und der Gnade Gottes zu verdanken. Der Herr gibt uns diese Möglichkeit, da Er immer bereit ist, uns alles zu geben, was wir brauchen, um zu Ihm zu kommen. Kṛṣṇa will nur sehen, dass wir aufrichtig sind. Im *Śrīmad-Bhāgavatam* heißt es, dass jeder Mensch bestimmte Pflichten in seinem Leben habe, egal welcher Stellung innerhalb der Gesellschaft er angehört. Wenn nun jemand diese vorgeschriebenen Pflichten aufgibt und aus irgendwelchen Gründen – sei es aufgrund von momentaner Laune, Gemeinschaft oder Verrücktheit – bei Kṛṣṇa Zuflucht sucht, dann aber wegen seiner Unreife vom Pfad der Hingabe wieder abkommt, verliert er dennoch nichts. Was hingegen gewinnt jemand, der all seine Pflichten perfekt erfüllt, sich aber Gott nicht zuwendet? Sein Leben verstreicht in der Tat ohne Gewinn. Wer sich hingegen einmal Kṛṣṇa zugewandt hat, befindet sich in einer viel besseren Situation, selbst wenn er von der Ebene des Yoga wieder herabfällt.

Kṛṣṇa betont des Weiteren, dass von allen guten Familien, in denen man geboren werden kann – wie Familien von erfolgreichen Händlern, von Philosophen oder Spiritualisten –, die beste die Familie von Yogis ist. Wer in einer reichen Familie geboren wird, kann leicht auf Abwege geraten, denn für gewöhnlich möchten Menschen den Reichtum, den sie bekommen, auch genießen. Aus diesem Grund werden die Söhne reicher Familien oft alkoholsüchtig oder suchen Prostituierte auf. Ebenso wird jemand, der in einer frommen Familie oder in einer Familie von *brāhmaṇas* geboren wird, häufig sehr stolz und arrogant, da er sich einbildet: „Ich bin ein *brāhmaṇa,* ich bin fromm." Sowohl in reichen als auch in frommen Familien besteht die Gefahr, sich zu erniedrigen. Wer jedoch in einer Familie von Yogis oder Gottgeweihten geboren wird, hat die beste Voraussetzung, wieder zur Stufe des spirituellen Lebens zu gelangen, von der er gefallen ist. Kṛṣṇa sagt zu Arjuna:

tatra taṁ buddhi-saṁyogaṁ labhate paurva-dehikam
yatate ca tato bhūyaḥ saṁsiddhau kuru-nandana

„Wenn er in einer solchen Familie geboren wird, erweckt er das göttliche Bewusstsein seines vorherigen Lebens wieder und versucht, weiteren Fortschritt zu machen, um vollständigen Erfolg zu erreichen, o Sohn Kurus.“ (*Bhagavad-gītā* 6.43)

Wenn man Eltern bekommt, die Yoga oder hingebungsvollen Dienst ausüben, erinnert man sich an seine spirituellen Tätigkeiten, die man im letzten Leben verrichtet hat. Wer sich ernsthaft dem Kṛṣṇa-Bewusstsein zuwendet, ist kein gewöhnlicher Mensch. Er muss sich bereits in seinem vorigen Leben mit demselben Vorgang beschäftigt haben, wie die *Bhagavad-gītā* bestätigt:

pūrvābhyāsena tenaiva hriyate hy avaśo 'pi saḥ

„Kraft des göttlichen Bewusstseins seines vorherigen Lebens fühlt er sich von selbst – sogar wenn er nicht danach strebt – zu den Prinzipien des Yoga hingezogen.“ (*Bhagavad-gītā* 6.44)

Niemand in der materiellen Welt kann seine Güter in ein anderes Leben mitnehmen. Man mag Millionenbeträge auf der Bank haben, aber sobald man sich vom Körper trennen muss, muss man sich auch vom Bankkonto trennen. Das Geld bleibt auf der Bank und wird nach dem Tod des Besitzers von jemand anderem genossen. Im spirituellen Leben verhält es sich nicht so: Selbst wenn man nur sehr geringen spirituellen Fortschritt gemacht hat, nimmt man ihn mit ins nächste Leben und fängt dort an, wo man aufgehört hat.

Wenn man sich nach dieser Unterbrechung wieder dem spirituellen Leben zuwendet, sollte man sich bemühen, den notwendigen Fortschritt zu machen, um das Ziel des Yogapfades zu erreichen. Man sollte nicht das Risiko auf sich nehmen, die verbleibenden Schritte auf das nächste Leben zu verschieben, sondern sich vornehmen, das Ziel schon in diesem Leben zu erreichen. Diese Entschlossenheit muss man aufbringen: „Aus irgendwelchen Gründen habe ich im vergangenen Leben meine spirituelle Schulung nicht abgeschlossen. In diesem Leben nun, nachdem Kṛṣṇa mir eine neue Gelegenheit bietet, will ich sie, ohne abzuweichen, vollenden." Auf diese Weise wird es möglich, nach dem Verlassen des gegenwärtigen Körpers zu Kṛṣṇa zurückzukehren, anstatt wieder in der materiellen Welt geboren zu werden, wo Geburt, Alter, Krankheit und Tod allgegenwärtig sind. Wer bei Kṛṣṇas Lotosfüßen Zuflucht sucht, erkennt, dass die materielle Welt nichts anderes als ein Ort der Gefahren ist; für jemanden, der spirituelles Leben praktizieren will, ist sie ungeeignet. Śrīla Bhaktisiddhānta Sarasvatī sagte des Öfteren: „Dies ist kein Ort für einen Gentleman." Sobald wir uns Kṛṣṇa zuwenden und versuchen, spirituellen Fortschritt zu machen, wird Kṛṣṇa, der in unserem Herzen weilt, uns Anweisungen geben. In der *Gītā* sagt Śrī Kṛṣṇa, dass Er dem, der sich an Ihn erinnern wolle, die Erinnerung gebe, und dem, der Ihn vergessen wolle, die Erlaubnis gebe, Ihn zu vergessen.

7

Yoga als Verbindung mit Kṛṣṇa

Heute hört man sehr viel über Yoga, und Yoga wird auch von der *Bhagavad-gītā* empfohlen. Das Yogasystem der *Bhagavad-gītā* jedoch ist insbesondere zur Läuterung bestimmt. Yoga hat drei Ziele: die Beherrschung der Sinne, die Läuterung der Handlungen und die Verbindung mit Kṛṣṇa in einer gegenseitigen Beziehung.

Die Absolute Wahrheit wird in drei Stufen erkannt: Als das unpersönliche Brahman, als der lokalisierte Paramātmā (die Überseele) und letztlich als Bhagavān, die Höchste Persönlichkeit Gottes. In Ihrem höchsten Aspekt ist die Absolute Wahrheit eine Person. Diese Höchste Person existiert jedoch gleichzeitig als alldurchdringende Überseele im Herzen aller Lebewesen und im Innern aller Atome sowie als das *brahma-jyoti,* die Ausstrahlung spirituellen Lichts. Als Höchste Persönlichkeit Gottes besitzt Bhagavān Śrī Kṛṣṇa vollkommenen Reichtum, aber gleichzeitig zeichnet Ihn auch vollkommene Entsagung aus. Wer in der materiellen Welt großen Reichtum besitzt, ist meist nicht sehr geneigt, ihn aufzugeben. Kṛṣṇa jedoch ist anders: Er kann allem entsagen und bleibt dennoch in Sich selbst vollkommen.

Wenn wir die *Bhagavad-gītā* unter der Anleitung eines echten spirituellen Meisters lesen und studieren, sollten wir nicht denken, der spirituelle Meister trage seine eigenen Meinungen vor. Es ist nicht er, der spricht, denn er ist nur ein Werkzeug; wer in Wirklichkeit spricht, ist die Höchste Persönlichkeit Gottes, die Sich in ihm wie auch außerhalb von ihm befindet. Zu Beginn Seiner Ausführungen über das Yogasystem im 6. Kapitel der *Bhagavad-gītā* sagt Śrī Kṛṣṇa:

anāśritaḥ karma-phalaṁ kāryaṁ karma karoti yaḥ
sa sannyāsī ca yogī ca na niragnir na cākriyaḥ

„Wer nicht an den Früchten seiner Arbeit haftet und so handelt, wie es seine Pflicht vorschreibt, befindet sich im Lebensstand der Entsagung. Er ist der wahre Mystiker und nicht der, der kein Feuer entzündet und keine Pflicht erfüllt." (*Bhagavad-gītā* 6.1)

Jeder arbeitet mit der Erwartung eines Ergebnisses und deshalb könnte man sich fragen, was der Nutzen einer Arbeit ist, wenn man kein Ergebnis erwartet. Wer arbeitet, verlangt immer einen Gegenwert oder einen Lohn, doch hier weist Kṛṣṇa darauf hin, dass man auch allein aus Pflichtgefühl arbeiten kann, ohne irgendwelche Ergebnisse zu erwarten. Wenn man auf diese Weise handelt, ist man wirklich ein *sannyāsī* und befindet sich im Lebensstand der Entsagung.

In der vedischen Kultur gibt es vier Lebensstufen: *brahmacarya, gṛhastha, vānaprastha* und *sannyāsa. Brahmacarya* ist der Lebensabschnitt, in dem man als Student im spirituellen Wissen ausgebildet wird. *Gṛhastha* ist der Lebensabschnitt, in dem man als Haushälter ein Eheleben führt. Im Alter von ungefähr 50 Jahren kann man in den Lebensstand des *vānaprastha* eintreten, was bedeutet, dass man Haus und Kinder verlässt und mit seiner Frau zu heiligen Pilgerorten reist. Letztlich trennt sich der Mann auch von der Frau und bleibt allein, um sich vollständig ins Kṛṣṇa-Bewusstsein zu vertiefen. Dies wird *sannyāsa*, die Lebensstufe der Entsagung, genannt. Kṛṣṇa weist allerdings darauf hin, dass für einen *sannyāsī* Entsagung nicht alles sei; er müsse sich auch einer Pflicht zuwenden. Doch worin besteht die Pflicht eines *sannyāsī*, der dem Familienleben entsagt hat und keine materiellen Verpflichtungen mehr besitzt? Die Pflicht des *sannyāsī* ist von höchster Verantwortung: Sie besteht darin, für Kṛṣṇa zu handeln. Dies ist die einzig wahre Pflicht aller Menschen, welcher Lebensstufe auch immer sie angehören.

Es gibt zwei Arten von Pflichten: Die eine besteht darin, der Illusion zu dienen und die andere, der Realität zu dienen. Wenn man der Realität dient, ist man ein echter *sannyāsī* und wenn man der Illusion dient, wird man von *māyā* getäuscht. Man muss daher erkennen, dass man immer und überall gezwungen ist, zu dienen. Man hat nur die Wahl, entweder der Illusion oder der Realität zu dienen. Die wesensgemäße Stellung des Lebewesens ist es, Diener zu sein, nicht Meister. Obgleich man sich für den Meister halten mag, ist man in Wirklichkeit ein Diener. Der Familienvater kann zwar denken, er wäre der Herr seiner Frau, seiner Kinder, seines Hauses und seines Geschäftes, aber das ist ein Trugschluss. In Wirklichkeit ist er der Diener seiner Frau, seiner Kinder und seines Geschäftes. Ein Präsident mag als Herr des Landes gelten, während er in Wirklichkeit der Diener des Landes ist. Wir sind immer Diener – entweder Diener der Illusion oder Diener Gottes. Wenn wir es jedoch vorziehen, ein Diener der Illusion zu bleiben, vergeuden wir unser Leben.

Natürlich denkt niemand, er sei ein Diener; jeder denkt, er würde nur in seinem eigenen Interesse arbeiten. Man mag auch tatsächlich die Ergebnisse seiner Arbeit bekommen, doch diese Ergebnisse sind vergänglich und illusorisch; sie zwingen einen dazu, ein Diener der Illusion, ein Diener der Sinne, zu werden. Wenn man aber seine transzendentalen Sinne wiedererweckt und wahres Wissen erlangt, wird man ein Diener der Realität. Wer einmal die Ebene des Wissens erreicht hat, erkennt, dass er unter allen Umständen ein Diener ist. Da es nie möglich sein wird, Meister zu sein, dient man besser der Realität als der Illusion. Wenn man sich dessen bewusst wird, hat man die Stufe des wahren Wissens erreicht. Die Bezeichnung *sannyāsa,* der Lebensstand der Entsagung, bezieht sich auf diese Stufe, denn was den *sannyāsa*-Stand ausmacht, ist die spirituelle Verwirklichung und nicht der soziale Status.

Es ist die Pflicht eines jeden, Kṛṣṇa-bewusst zu werden und Kṛṣṇas Wünschen zu dienen. Wenn man dies wirklich erkennt, wird man ein *mahātmā,* eine große Seele. In der *Bhagavad-gītā* sagt Kṛṣṇa, dass jemand, der nach vielen Geburten die Stufe des wahren Wissens erreicht habe, „sich Mir ergibt". Weshalb? *Vāsudevaḥ sarvam iti.* Weil ein solcher Weiser erkannt hat, dass „Vāsudeva [Kṛṣṇa] alles ist". Doch dann erklärt Kṛṣṇa, dass eine solch große Seele selten zu finden sei. Was ist der Grund dafür? Warum sollte ein intelligenter Mensch, der verstanden hat, dass es das höchste Ziel des Lebens ist, sich Kṛṣṇa zu ergeben, zögern, dies zu tun? Warum ergibt er sich nicht sogleich? Warum sollte man so viele Leben zu warten? Wer dies erkennt und sich Kṛṣṇa ergibt, wird ein wahrer *sannyāsī.* Kṛṣṇa zwingt niemals jemanden, sich Ihm zu ergeben. Hingabe ist eine Frucht der Liebe, transzendentaler Liebe. Wo es Zwang gibt, gibt es keine Freiheit und wo es keine Freiheit gibt, gibt es auch keine Liebe. Eine Mutter liebt ihr Kind nicht, weil sie dazu gezwungen ist oder eine Bezahlung oder Belohnung erwartet.

Die Liebe zum Höchsten Herrn kann sich in vielen Formen offenbaren. Wir können Ihn als unseren Meister, unseren Freund, unser Kind oder unseren Gemahl lieben. Es gibt fünf grundlegende Beziehungen (*rasas*), die uns ewig mit Gott verbinden. Wenn wir die befreite Stufe des Wissens erreichen, werden wir erkennen, dass unsere Beziehung mit dem Höchsten Herrn in einem bestimmten *rasa* ist. Diese Stufe wird *svarūpa-siddhi,* wahre Selbstverwirklichung, genannt. Wir alle haben eine ewige Beziehung zum Herrn, entweder als Diener, Freund, Vater oder Mutter, Gemahlin oder Geliebte. Diese Beziehung ist ewig vorhanden und der gesamte Vorgang der spirituellen Verwirklichung und die eigentliche Vollkommenheit des Yoga bestehen darin, das Bewusstsein dieser Beziehung wiederzuerwecken. Gegenwärtig wird unsere Beziehung zum Höchsten Herrn in der materiellen Welt auf verzerrte Weise widergespiegelt. In der materiellen Welt beruht die Beziehung zwischen Meister und Diener auf Geld, Zwang oder Ausbeutung; ganz bestimmt nicht auf Liebe. Die verzerrte Widerspiegelung der Beziehung von Meister und Diener besteht nur solange, wie der Meister den Diener bezahlen kann. Sobald die Bezahlung aufhört, endet auch die Beziehung. Ebenso verhält es sich mit weltlichen Freundschaften: Schon bei der kleinsten Auseinandersetzung bricht die Freundschaft und der Freund wird zum Feind. Wenn es zwischen dem Sohn und den Eltern zu einer Meinungsverschiedenheit kommt, verlässt der Sohn das Zuhause und die Beziehung wird abgebrochen. Auch in Ehen lässt sich beobachten, dass Mann und Frau schon bei einer geringen Unstimmigkeit auseinandergehen und es zur Scheidung kommt.

Beziehungen in der materiellen Welt sind weder echt

noch ewig. Wir müssen uns immer vor Augen halten, dass diese flüchtigen Beziehungen nichts anderes als verzerrte Widerspiegelungen unserer ewigen Beziehung zur Höchsten Persönlichkeit Gottes sind. Das Spiegelbild eines Gegenstandes ist nicht echt; der Gegenstand mag zwar echt aussehen, doch wenn wir ihn anfassen wollen, stoßen wir nur auf Glas. Ebenso sind die Beziehungen als Freund, Mutter, Vater, Kind, Meister, Diener, Ehemann, Ehefrau oder Geliebte bloß Widerspiegelungen der Beziehung, die wir zu Gott haben. Wenn wir dies erkennen, besitzen wir vollkommenes Wissen und wir werden verstehen, dass wir Diener Kṛṣṇas sind und dass uns eine ewige Beziehung der Liebe mit Ihm vereint.

In dieser Beziehung der Liebe geht es nicht um Belohnung, obwohl natürlich die Belohnung nicht ausbleibt und sie viel größer ist als jeglicher Lohn, den wir in der materiellen Welt für unsere Dienste bekommen können. Die Belohnung, die Śrī Kṛṣṇa gibt, ist unbegrenzt. In diesem Zusammenhang gibt es die Geschichte von Bali Mahārāja, einem mächtigen König, der viele Planeten des Universums eroberte. Als Bali Mahārāja, der König der Dämonen, auch die himmlischen Planeten unterwarf, wandten sich deren Bewohner an den Höchsten Herrn und flehten Ihn an, Er möge sie retten. Als Śrī Kṛṣṇa ihre Gebete hörte, nahm Er die Gestalt eines jungen Zwerg-*brāhmaṇa* an und begab Sich zu Bali Mahārāja. „Mein lieber König", sprach der *brāhmaṇa*-Knabe, „Ich habe eine Bitte an dich. Du bist ein großer Monarch und du bist berühmt dafür, dass du den *brāhmaṇas* immer Spenden gibst. Darf Ich dich um etwas bitten?" Bali Mahārāja antwortete: „Ich gebe Dir alles, was Du willst." „Dann gib mir einfach soviel Land, wie Ich mit drei Schritten abmessen kann", bat der Knabe. „Oh, das ist alles?" staunte der König. „Und was willst Du mit einem solch kleinen Stück Land tun?" Der kleine Knabe lächelte und sagte: „Auch wenn es klein ist, werde Ich Mich damit begnügen."

Bali Mahārāja willigte ein, worauf der Zwergenknabe anwuchs und mit zwei Schritten das gesamte Universum durchmaß. Dann fragte Er Bali Mahārāja, wohin Er Seinen dritten Schritt setzen könne und Bali Mahārāja, der erkannte, dass ihm der Höchste Herr eine große Gunst erwies, entgegnete: „Mein lieber Herr, ich habe nun alles verloren. Ich besitze nichts mehr außer meinem Kopf. Bitte setze gütigerweise Deinen Fuß dorthin." Der Höchste Herr, Śrī Kṛṣṇa, war durch Bali Mahārājas Haltung sehr erfreut und stellte ihm einen Wunsch frei. Aber Bali Mahārāja sprach: „Ich erwartete nie eine Belohnung von Dir. Ich wusste nur, dass Du etwas von mir wolltest und nun habe ich Dir alles gegeben." „Aber *Ich* möchte dir etwas geben", erwiderte der Herr. „Ich werde immer als Bote und Diener an deinem Hof bleiben."

Auf diese Weise wurde Kṛṣṇa Bali Mahārājas Torwächter und das war die Belohnung, die Er ihm gab. Wenn wir also Kṛṣṇa etwas geben, werden wir es millionenfach zurückbekommen; aber wir sollten dies nicht erwarten. Der Herr ist immer bestrebt, den Dienst Seines Dieners zu erwidern. Jeder, der erkannt hat, dass Dienst für den Herrn seine wahre Pflicht ist, besitzt vollkommenes Wissen und hat die Vollkommenheit des Yoga erreicht.

8

Die Perfektion des Yoga

Auf dem Pfad zur Vollkommenheit des Yoga ist es ein großer Segen, wenn man in einer Familie von Yogis oder Gottgeweihten geboren wird, denn dies stellt einen besonderen Ansporn für spirituellen Fortschritt dar.

prayatnād yatamānas tu yogī saṁśuddha-kilbiṣaḥ
aneka-janma-saṁsiddhas tato yāti parāṁ gatim

„Wenn sich der Yogi ernsthaft bemüht, weiteren Fortschritt zu machen und von allen Verunreinigungen reingewaschen wird, erlangt er nach vielen, vielen Geburten der Vorbereitung die Vollkommenheit und erreicht das höchste Ziel." (*Bhagavad-gītā* 6.45)

Wenn man letztlich von allen Verunreinigungen frei geworden ist, erreicht man die höchste Vollkommenheit des Yogasystems – Kṛṣṇa-Bewusstsein. In Kṛṣṇa vertieft zu sein ist die Stufe der Vollkommenheit, wie Kṛṣṇa persönlich bestätigt:

bahūnāṁ janmanām ante jñānavān māṁ prapadyate
vāsudevaḥ sarvam iti sa mahātmā sudurlabhaḥ

„Wer nach vielen Geburten und Toden tatsächlich in Wissen gründet, ergibt sich Mir, da er weiß, dass Ich die Ursache aller Ursachen und dass Ich alles bin. Solch eine große Seele ist sehr selten." (*Bhagavad-gītā* 7.19)

Wer also nach vielen Leben der frommen Betätigung von allen Verunreinigungen, die aus illusorischen Dualitäten entstehen, befreit ist, wendet sich dem transzendentalen Dienst des Herrn zu. Śrī Kṛṣṇa beendet Seine Ausführungen über dieses Thema wie folgt:

yoginām api sarveṣāṁ mad-gatenāntarātmanā
śraddhāvān bhajate yo māṁ sa me yuktatamo mataḥ

„Und von allen Yogis ist derjenige, der großen Glauben besitzt und immer in Mir weilt, immer an Mich denkt und Mir transzendentalen liebevollen Dienst darbringt, am engsten mit Mir in Yoga vereint und er ist der höchste von allen." (*Bhagavad-gītā* 6.47)

Aus diesen Worten geht hervor, dass alle Formen von Yoga im *bhakti-yoga,* dem hingebungsvollen Dienst für Kṛṣṇa, gipfeln. Alle anderen in der *Bhagavad-gītā* beschriebenen Formen des Yoga münden in den hingebungsvollen Dienst, denn Kṛṣṇa ist das Ziel aller Yogasysteme. Von der Anfangsstufe des *karma-yoga* bis hin zum Ziel des *bhakti-yoga* erstreckt sich ein langer Weg der Selbstverwirklichung. *Karma-yoga,* das heißt Handeln ohne Erwartung fruchtbringender Ergebnisse, stellt den Anfang dieses Weges dar. Wenn *karma-yoga* an Wissen und Entsagung zunimmt, erreicht man die Stufe des *jñāna-yoga,* des Yoga des Wissens; wenn *jñāna-yoga* zu Meditation über die Überseele wird, bei der man verschiedene physische Übungen ausführt und den Geist auf die Überseele richtet, wird dies *aṣṭāṅga-yoga* genannt; und wenn man die Stufe des *aṣṭāṅga-yoga* hinter sich lässt und zur Verehrung der Höchsten Persönlichkeit Gottes, Kṛṣṇa, kommt, nennt man dies *bhakti-yoga,* die höchste Stufe. *Bhakti-yoga* ist das höchste Ziel, aber um *bhakti-yoga* wirklich zu verstehen, muss man auch die anderen Vorgänge verstehen. Der Yogi, der kontinuierlich vorwärtsschreitet, befindet sich auf dem Pfad zu wahrem, ewigem Glück. Wenn jemand aber auf einer bestimmten Stufe stehenbleibt und keinen weiteren Fortschritt mehr macht, bezeichnet man ihn dementsprechend als *karma-yogī, jñāna-yogī, dhyāna-yogī, rāja-yogī, haṭha-yogī* usw. Wer aber so sehr vom Glück begünstigt ist, dass er bis zur Stufe des *bhakti-yoga,* des Kṛṣṇa-Bewusstseins, gelangt, hat alle anderen Yogasysteme hinter sich gelassen.

Kṛṣṇa-Bewusstsein ist das letzte Glied in der Kette des Yoga, jenes Glied, das uns mit der Höchsten Person, Śrī Kṛṣṇa, verbindet. Ohne dieses letzte Glied ist die gesamte Kette praktisch wertlos. Wenn wir aufrichtig an der Vollkommenheit des Yoga interessiert sind, sollten wir uns deshalb sogleich dem Kṛṣṇa-Bewusstsein zuwenden, indem wir Hare Kṛṣṇa chanten, die *Bhagavad-gītā* studieren und Kṛṣṇa durch die Gesellschaft für Kṛṣṇa-Bewusstsein Dienst darbringen. Auf diese Weise übertreffen wir alle anderen Systeme und erreichen das höchste Ziel aller Formen von Yoga: Liebe zu Kṛṣṇa.

Der Autor

His Divine Grace A.C. Bhaktivedanta Swami Prabhupāda erschien in dieser Welt im Jahre 1896 in Kalkutta, wo er 1922 zum ersten Mal seinem spirituellen Meister Śrīla Bhaktisiddhānta Sarasvatī Gosvāmī begegnete. Bhaktisiddhānta Sarasvatī, ein bekannter, gottergebener Gelehrter und Gründer von 64 vedischen Instituten, die als Gauḍīya Maṭhas bekannt wurden, fand Gefallen an dem gebildeten jungen Mann und überzeugte ihn, sein Leben der Lehre vedischen Wissens zu widmen. Śrīla Prabhupāda wurde sein Schüler und empfing 1933 die formelle Einweihung.

Śrīla Bhaktisiddhānta Sarasvatī bat Śrīla Prabhupāda bereits bei ihrer ersten Begegnung, das vedische Wissen in englischer Sprache zu verbreiten. In den darauffolgenden Jahren verfasste Śrīla Prabhupāda einen Kommentar zur *Bhagavad-gītā* und unterstützte die Bewegung seines spirituellen Meisters in ihrer Mission. 1944 gründete er das *Back to Godhead,* ein vierzehntägliches Magazin in englischer Sprache, welches er eigenhändig verfasste, produzierte, finanzierte und verteilte. Dieses Magazin wird heute von seinen Schülern weitergeführt und in vielen Sprachen veröffentlicht.

Als Anerkennung für Śrīla Prabhupādas philosophische Gelehrtheit und Hingabe ehrte ihn die Gauḍīya-Vaiṣṇava-Gesellschaft 1947 mit dem Titel „Bhaktivedanta". Im Jahre 1950 zog sich Śrīla Prabhupāda aus dem Familienleben zurück. Vier Jahre später trat er in den *vānaprastha*-Stand (Leben in Zurückgezogenheit) ein, um seinen Studien und seiner Schreibtätigkeit mehr Zeit widmen zu können. Bald danach begab er sich zu dem heiligen Ort Vṛndāvana in der Nähe von Agra, wo er unter bescheidensten Verhältnissen im mittelalterlichen Rādhā-Dāmodara-Tempel lebte. Dort verbrachte er mehrere Jahre mit eingehenden Studien und dem Schreiben. 1959 trat er in den Lebensstand der Entsagung (*sannyāsa*) ein. Im Rādhā-Dāmodara-Tempel begann er mit der Arbeit an seinem Lebenswerk – einer vielbändigen, kommentierten Übersetzung des 18 000 Verse umfassenden *Śrīmad-Bhāgavatam* (*Bhāgavata Purāṇa*). Dort entstand auch das Buch *Easy Journey to Other Planets.*

Nachdem er drei Bände des *Śrīmad-Bhāgavatam* veröffentlicht hatte, reiste er 1965 in die USA, um die Mission seines spirituellen Meisters zu erfüllen. In der Folge schrieb er mehr als 50 Bände autoritativer, kommentierter Übersetzungen und zusammenfassender Studien der wichtigsten philosophischen und religiösen Klassiker Indiens.

Als Śrīla Prabhupāda per Frachtschiff im Hafen von New York ankam, war er so gut wie mittellos. Erst im Juli 1966, nach fast einem Jahr voller Schwierigkeiten, gründete er die Internationale Gesellschaft für Krishna-Bewusstsein (ISKCON). Bis zu seinem Verscheiden am 14. November 1977 hatte er die Gesellschaft persönlich geleitet und konnte miterleben, wie sie sich zu einer weltweiten Bewegung mit über einhundert *āśramas,* Schulen, Tempeln und Farmgemeinschaften entwickelte.

1972 führte Śrīla Prabhupāda mit der Gründung einer *gurukula*-Schule in Dallas die vedische Pädagogik für das Grund- und Mittelstufenschulwesen in der westlichen Welt ein. Seitdem haben seine Schüler weltweit viele ähnliche Schulen eröffnet.

Auch in Indien veranlasste Śrīla Prabhupāda den Bau verschiedener internationaler, kultureller Zentren. In Māyāpur in Westbengalen bauen die Gottgeweihten nun eine spirituelle Stadt am Ganges, die um einen großen Tempel angelegt ist; ein ambitioniertes Projekt, dessen Fertigstellung noch mehrere Jahre in Anspruch nehmen wird. In Vṛndāvana im Norden Indiens gibt es den prächtigen und vielbesuchten Krishna-Balarama-Tempel sowie ein internationales Gästehaus, eine *gurukula*-Schule, Śrīla Prabhupādas Mausoleum und ein Museum. Auch in Mumbai, Delhi, Tirupati, Ahmedabad, Siliguri, Ujjain und vielen anderen indischen Orten gibt es Tempel, kulturelle Zentren und Farmgemeinschaften, die von Śrīla Prabhupāda geplant wurden.

Śrīla Prabhupādas wichtigster Beitrag sind jedoch seine Bücher. Von Gelehrten wegen ihrer Gewichtigkeit, Tiefe und Klarheit geschätzt, werden sie als Lehrbücher in vielen Universitäten und Seminaren benutzt. Seine Werke wurden bereits in über 80 Sprachen übersetzt. Die *Bhagavad-gītā wie sie ist* ist mittlerweile in 59 Sprachen erhältlich. Der von Śrīla Prabhupāda im Jahre 1972 gegründete Bhaktivedanta Book Trust (BBT) hat sich zum weltweit größten Verlag für religiöse und philosophische Literatur Indiens entwickelt.

Glossar

Ācārya – „Jemand, der durch sein eigenes Beispiel lehrt"; Titel eines echten spirituellen Meisters.

Ānanda – Spirituelle Glückseligkeit.

Arcā-vigraha – Die transzendentale Bildgestalt Kṛṣṇas, die auf dem Altar verehrt wird.

Arjuna – Großer *kṣatriya* und Gottgeweihter, zu dem Kṛṣṇa die *Bhagavad-gītā* sprach.

Āśrama – Bezeichnung für die (vier) spirituellen Lebensstufen im *varṇāśrama*-Gesellschaftssystem: *brahmacarya* (Lebensstand des zölibatären Studenten, der unter der Anleitung eines spirituellen Meisters die vedischen Schriften studiert); *gṛhastha* (Lebensstand der Ehe im Einklang mit den vedischen Regeln); *vānaprastha* (Zurückgezogenheit vom Familienleben); *sannyāsa* (Lebensstand der Entsagung).

Aṣṭāṅga-yoga – Der „achtstufige Pfad" des mystischen Yoga, beginnend mit der Beherrschung der Sinne und des Geistes durch Sitz-, Atem- und Meditationsübungen, bis hin zu vollständiger

Versenkung (*samādhi*) und zur Erkenntnis des Paramātmā.

Asura – „Dämon"; (1) Feind der Halbgötter und Gottgeweihten; (2) atheistischer Mensch, der sich bewusst der Oberhoheit Gottes widersetzt.

Ātmā – „Selbst"; (1) das wahre Selbst, die individuelle spirituelle Seele, die im Kreislauf von Geburt und Tod durch verschiedenste Körper wandert und nach der Befreiung in die spirituelle Welt zurückkehrt. *Ātmā* kann sich je nach Kontext auch auf das falsche Selbst beziehen: (2) Geist; (3) Körper.

Bhagavān – „Besitzer aller Füllen"; Gott in Seinem höchsten Aspekt als transzendentale Person; höchste Stufe der Gotteserkenntnis nach Brahman und Paramātmā; Name Kṛṣṇas in Seinem Aspekt als das vollkommene Behältnis aller Schönheit, aller Kraft, allen Ruhms, allen Reichtums, allen Wissens und aller Entsagung.

Bhagavad-gītā – „Der Gesang Gottes"; die auf dem Schlachtfeld von Kurukṣetra offenbarten Lehren Kṛṣṇas, des Höchsten Herrn; die zentrale, zusammenfassende Schrift der Veden; enthält die Essenz der vedischen Gottesoffenbarung.

Bhakta – Gottgeweihter.

Bhakti – Liebe und Hingabe zur Höchsten Persönlichkeit Gottes.

Bhakti-yoga – Der Vorgang der Verbindung mit der Höchsten Persönlichkeit Gottes durch hingebungsvollen Dienst, um das ursprüngliche Kṛṣṇa-Bewusstsein der spirituellen Seele wiederzuerwecken; wird in den vedischen Schriften, insbesondere in der *Bhagavad-gītā* und im *Śrīmad-Bhāgavatam,* als die höchste Form des Yoga gelehrt.

Bhaktisiddhānta Sarasvatī – (1874–1937) Der herausragendste Gelehrte und *ācārya* seiner Zeit; Gründer der Gauḍīya-Maṭha-Bewegung mit 64 Tempeln in ganz Indien; Verfasser zahlreicher Vaiṣṇava-Schriften; spiritueller Meister von His Divine Grace A. C. Bhaktivedanta Swami Prabhupāda.

Bildgestalt. *Siehe:* Arcā-vigraha.

Brahmā – Das zuerst erschaffene Wesen im Universum; ist als Halbgott für die interne Schöpfung des Universums zuständig.

Brahmacārī – Student im Zölibat. *Siehe auch:* Āśrama.

Brahma-jyoti – Die spirituelle Ausstrahlung, die von Kṛṣṇas transzendentalem Körper ausgeht; der spirituelle Himmel, in dem die Vaikuṇṭha-Planeten schweben.

Brahman – „Die Transzendenz"; (1) das *brahma-jyoti*, der unpersönliche Aspekt der Absoluten Wahrheit in Form ihrer alldurchdringenden Ausstrahlung, erste Stufe der Erkenntnis der Absoluten Wahrheit; (2) *allg. für:* die Absolute Wahrheit, die spirituelle Natur.

Brāhmaṇa. *Siehe: Varṇa.*

Caitanya Mahāprabhu – (1486–1534) Kṛṣṇa in der Rolle eines Gottgeweihten; erschien in Navadvīpa, Bengalen, um das gemeinsame Chanten des Hare-Kṛṣṇa-Mantra (*saṅkīrtana*) als den Vorgang der Gotteserkenntnis im Zeitalter des Kali einzuführen; löste eine spirituelle Renaissance der *kṛṣṇa-bhakti* in ganz Indien aus; bekämpfte die religiöse Intoleranz der muslimischen Machthaber und der hinduistischen Kastenbrahmanen; predigte *bhakti* als Essenz aller Religionen.

Chanten – (von engl. *to chant* – rezitieren, singen) (1) *allg.*: Singen oder meditatives Beten von Mantras zur Verehrung Gottes oder der Halbgötter; (2) das Chanten der heiligen Namen Gottes, insbesondere des Hare-

Kṛṣṇa-Mantra, als der grundlegende Vorgang im *bhakti-yoga;* ist die empfohlene Meditationsmethode für das gegenwärtige Zeitalter, weil es nicht mit komplizierten Regeln verbunden ist und deshalb allen Menschen offensteht; stellt eine direkte Verbindung mit Gott her, da die Namen Gottes nicht von Gott verschieden sind. Es gibt zwei traditionelle Arten des Chantens von Hare Kṛṣṇa: Die individuelle Meditation (*japa*) in Form des rezitativen Betens auf einer Gebetskette und das gemeinsame Singen (*kīrtana*) in Form eines Wechselgesanges, meist in Begleitung von Rhythmusinstrumenten.

Deva – (1) Halbgott; (2) Gottgeweihter; Mensch mit göttlichen Eigenschaften.

Dhyāna-yoga – Vorgang der mystischen Meditation über die Überseele; die 7. Stufe im *aṣṭāṅga-yoga.*

Geist – Feinstoffliches materielles Element, in dem Denken, Fühlen und Wollen stattfinden; Sammelbecken aller Sinneseindrücke.

Gṛhastha – Vedischer „Haushälter“; verheirateter Mann, der den vedischen Prinzipien des Familienlebens folgt. *Siehe: Āśrama.*

Guru – „Lehrer“; Lehrmeister in der vedischen Kultur, insbesondere der spirituelle Meister, der seinen Schüler im spirituellen Leben führt.

Hare-Kṛṣṇa-Mantra. *Siehe: Mahā-mantra.*

Haṭha-yoga – System körperlicher und atemtechnischer Übungen, um die Sinne zu beherrschen; Anfangsstufe des *aṣṭāṅga-yoga.*

Indra – Großer Halbgott; König der himmlischen Planeten.

ISKCON – Abkürzung für *International Society for Krishna Consciousness;* gegründet 1966 in New York von His Divine Grace A. C. Bhaktivedanta Swami Prabhupāda.

Jñāna – „Wissen“, insbesondere spirituelles Wissen.

Jñānī – Jemand, der sich mittels (1) philosophischer Spekulation, (2) monistischer Philosophie oder (3) *jñāna-yoga* bemüht, Wissen über die Absolute Wahrheit zu erlangen.

Jñāna-yoga – Der Pfad der spirituellen Verwirklichung durch Studium der vedischen Schriften und durch philosophische Suche nach der Wahrheit.

Jñāna-yogī. *Siehe: Jñānī* (3).

Kali-yuga – Das Zeitalter des Streites und der Heuchelei (auch „Eisernes Zeitalter“ genannt), in dem sich die Menschheit gegenwärtig befindet; begann nach vedischer Zeitrechnung vor rund 5 000 Jahren. *Siehe auch: Yuga.*

Karma – „Handlung“; (1) fruchtbringende Handlung, die eine gute oder schlechte („sündhafte“) Reaktion nach sich zieht und den Handelnden an den Kreislauf von Geburt und Tod bindet; (2) Gesetz des Karma: Gesetz von Aktion und Reaktion, dem alle karmischen Handlungen unterstehen und das entscheidet, welchen Körper die Seele (*ātmā*) im nächsten Leben annimmt.

Karma-yoga – Pfad der Gotteserkenntnis, auf dem man die Früchte seines Handelns Gott darbringt.

Karmī – Jemand, der aus materiellen Motiven fruchtbringende Handlungen ausführt und die Früchte seiner Arbeit selbst genießen möchte.

Kīrtana – Das Chanten oder Singen der Namen Gottes. *Siehe auch:* Chanten (2).

Kṛṣṇa – Gott, „der Allanziehende“; der persönliche Name Gottes, wie Er in den Veden offenbart wird.

Kṛṣṇa-Bewusstsein – „Gottesbewusstsein“; das reine, ursprüngliche Bewusstsein der spirituellen Seele in ihrer wesensgemäßen Stellung als ewiger Diener Kṛṣṇas. *Siehe auch: Bhakti-yoga.*

Kurukṣetra – eine heilige Stätte ca. 60 Kilometer nördlich von Hastināpura, dem heutigen Delhi; vor 5 000 Jahren fand dort die große *Mahābhārata*-Schlacht statt, vor deren Beginn Kṛṣṇa die *Bhagavad-gītā* offenbarte.

Mahābhārata – „Die Geschichte des Königreichs von Bhārata-varṣa [Indien]"; mit über 110 000 Doppelversen das längste Epos der Weltliteratur; enthält als zentrale Passage die *Bhagavad-gītā.*

Mahā-Mantra – „Großes Mantra", bestehend aus den Sanskritnamen Gottes; ist die persönliche Klanginkarnation Kṛṣṇas; von den Veden überliefert und von Śrī Caitanya Mahāprabhu als wirkungsvollste spirituelle Klangschwingung offenbart: Hare Kṛṣṇa, Hare Kṛṣṇa, Kṛṣṇa Kṛṣṇa, Hare Hare / Hare Rāma, Hare Rāma, Rāma Rāma, Hare Hare.

Mahātmā – „Große Seele"; großer Gottgeweihter.

Mantra – (*mana* – Geist, *tra* – befreien) (1) *allg.*: Heilige Wortformel oder Gebet, das sich an einen Halbgott oder direkt an Gott richtet; (2) transzendentale Klangschwingung, um den Geist von materiellen Unreinheiten zu befreien und auf Gott zu richten. *Siehe auch:* Chanten.

Māyā – Die niedere, illusionierende Energie Gottes, die die materielle Welt beherrscht und bewirkt, dass die bedingten Seelen Kṛṣṇa vergessen; das Vergessen der Beziehung zu Kṛṣṇa.

Mukti – Befreiung von der materiellen Fessel.

Paramātmā – Die „Überseele"; die in der materiellen Welt allgegenwärtige Form Gottes, die Sich im Herzen aller Lebewesen und in allen Atomen befindet; begleitet die Lebewesen als Zeuge ihrer Handlungen durch alle Lebensformen und ist somit der entscheidende Faktor für das Funktionieren des Karmagesetzes; die zweite Stufe der Erkenntnis der Absoluten Wahrheit.

Prabhupāda, A.C. Bhaktivedanta Swami – (1896–1977) Herausragender spiritueller Meister (*ācārya*) der Brahmā-Madhva-Gauḍīya-Vaiṣṇava-Schülernachfolge, die bis zu Kṛṣṇa zurückreicht; bedeutendster Sanskritübersetzer der Neuzeit; gründete im Jahr 1966 die *International Society for Krishna Consciousness. Siehe auch:* Der Autor, S.

Prema – Reine Liebe zu Gott; die höchste Stufe des hingebungsvollen Dienstes.

Rāma – (1) Name Kṛṣṇas mit der Bedeutung „die Quelle aller Freude"; (2) Kṛṣṇas Bruder Balarāma; (3) Rāmacandra, Kṛṣṇa als vollkommener König.

Saṅkīrtana – „Gemeinsames Chanten der heiligen Namen des Herrn"; der im Kali-yuga empfohlene Vorgang der Selbstverwirklichung; wurde von Śrī Caitanya Mahāprabhu eingeführt.

Sannyāsī – Mönch im Lebensstand des *sannyāsa* (*Siehe auch: āśrama*).

Sanskrit – Die Sprache der Veden; die älteste Schriftsprache der Welt und Quelle vieler moderner Sprachen.

Seele. *Siehe: Ātmā*

Śiva – „Der Glückspendende"; mächtiger Halbgott und Gottgeweihter; ist für die Zerstörung des Universums zuständig.

Śrīmad-Bhāgavatam (auch *Bhāgavata Purāṇa*) – Das bedeutendste der 18 *Purāṇas;* der 18 000 Verse umfassende Kommentar Vyāsadevas zu seinem *Vedānta-sūtra;* beschreibt in zwölf Cantos die Taten und die Lehren der wichtigsten Gottgeweihten und Inkarnationen Gottes; der 10. Canto beschreibt das Erscheinen und die Taten Kṛṣṇas, der Höchsten Persönlichkeit Gottes.

Svāmī. „Meister"; Titel eines *sannyāsī.*

Śūdra. *Siehe: Varṇa.*

Überseele. *Siehe: Paramātmā.*

Vaiṣṇava – Ein Geweihter Kṛṣṇas oder Viṣṇus, der Höchsten Persönlichkeit Gottes.

Varṇa – Unterteilung der vedischen Gesellschaft entsprechend den Eigenschaften und Tätigkeiten der Menschen: *brāhmaṇas* (Lehrer und Priester, die der Gesellschaft unentgeltlich spirituelle Führung geben); *kṣatriyas* (unter den *brāhmaṇas* tätige Verwalter und Beschützer der Gesellschaft); *vaiśyas* (die gewerbetreibende und landwirtschaftliche Berufsklasse) und *śūdras* (die Berufsklasse der Arbeiter und Handwerker, die im Dienst der anderen drei *varṇas* stehen).

Varṇāśrama-dharma – Das vedische Gesellschaftssystem der vier sozialen und vier spirituellen Klassen. *Siehe auch: Varṇa; Āśrama.*

Veden – (*veda:* Wissen) (1) die vier ursprünglichen vedischen Schriften (*Yajur, Ṛg, Atharva, Sama*); (2) Sammelbegriff für die authentischen heiligen Weisheitsschriften der altindischen Hochkultur.

Viṣṇu – „Der Alldurchdringende"; vierarmige Erweiterung Kṛṣṇas zur Schöpfung und Erhaltung der materiellen Welt.

Yoga – „Verbindung"; Pfad zur Verbindung mit dem Höchsten. (*Siehe auch: Bhakti-, Jñāna-, Karma-* und *Aṣṭāṅga-yoga*)

Yogī – Transzendentalist, der eine Verbindung mit dem Höchsten einzugehen sucht.

Yuga – Zeitalter im „Leben" eines Universums, die sich zyklisch wiederholen: Satya-yuga, Tretā-yuga, Dvāpara-yuga und Kali-yuga.

Anleitung zur Aussprache des Sanskrit

Die in Indien geläufigste Schreibweise des Sanskrit wird Devanāgarī genannt. Das Devanāgarī-Alphabet besteht aus 48 Buchstaben, nämlich 13 Vokalen und 35 Konsonanten, und wurde nach präzisen linguistischen Prinzipien zusammengestellt. Die im vorliegenden Buch verwendete Schreibweise entspricht dem international anerkannten System der Sanskritumschrift.

Der kurze Vokal **a** wird wie das **a** in h**a**t ausgesprochen; das lange **ā** wie das **a** in h**a**ben und das kurze **i** wie das **i** in r**i**tten. Das lange **ī** wird wie das **i** in B**i**bel ausgesprochen, das kurze **u** wie das **u** in B**u**tter und das lange **ū** wie das **u** in H**u**t. Der Vokal **ṛ** wird wie das **ri** in **ri**nnen ausgesprochen. Der Vokal **e** wird wie das **e** in **e**wig ausgesprochen; **ai** wie in w**ei**se; **o** wie in h**o**ch und **au** wie in H**au**s. Der *anusvāra* (**ṁ**), ein reiner Nasallaut, wird wie das **n** im franz. bo**n** ausgesprochen, und der *visarga* (**ḥ**), der ein starker Hauchlaut ist, wird am Zeilenende mit Wiederholung des vorangegangenen Vokals ausgesprochen. So wird also **aḥ** wie **aha** ausgesprochen und **iḥ** wie **ihi**.

Die gutturalen Konsonanten – **k**, **kh**, **g**, **gh** und **ṅ** – werden in ähnlicher Weise wie die deutschen Kehllaute gebildet. **K** wird ausgesprochen wie in **k**ann, **kh** wie in E**ckh**art, **g** wie in **g**eben, **gh** wie in we**gh**olen und **ṅ** wie in si**ng**en. Die Gaumenlaute – **c**, **ch**, **j**, **jh** und **ñ** – werden vom Gaumen aus mit der Mitte der Zunge gebildet. **C** wird ausgesprochen wie das **tsch** in **Tsch**eche, **ch** wie im engl. staun**ch-h**eart, **j** wie das **dsch** in **Dsch**ungel, **jh** wie im engl. he**dge-h**og und **ñ** wie in Ca**ñ**on. Die dentalen Konsonanten – **t**, **th**, **d**, **dh** und **n** – werden gebildet, indem man die Zungenspitze gegen die Zähne drückt. **T** wird ausgesprochen wie in **T**al, **th** wie in Sanf**th**eit, **d** wie in **d**ann, **dh** wie in Sü**dh**älfte und **n** wie in **N**atter. Die zerebralen Konsonanten – **ṭ**, **ṭh**, **ḍ**, **ḍh** und **ṇ** – werden in gleicher Weise gebildet wie die dentalen, aber bei ihnen berührt die Zungenspitze den oberen Gaumen. Die labialen Konsonanten – **p**, **ph**, **b**, **bh** und **m** – werden mit den Lippen gebildet. **P** wird ausgesprochen wie in **P**astor, **ph** wie im engl. u**ph**ill, **b** wie in **B**all, **bh** wie in Gro**bh**eit und **m** wie in **M**alz.

Die Halbvokale – **y**, **r**, **l** und **v** – werden ausgesprochen wie in **Y**oga, **R**avioli (wie das italienische r), **l**achen, **V**ene.

Die Zischlaute – **ś**, **ṣ** und **s** – werden ausgesprochen wie in i**ch**, **sch**ön und fa**s**ten. Der Buchstabe **h** wird ausgesprochen wie in **h**elfen.